# 走好学术路
# 科研萌新的
# 自我修养

徐芳◎著

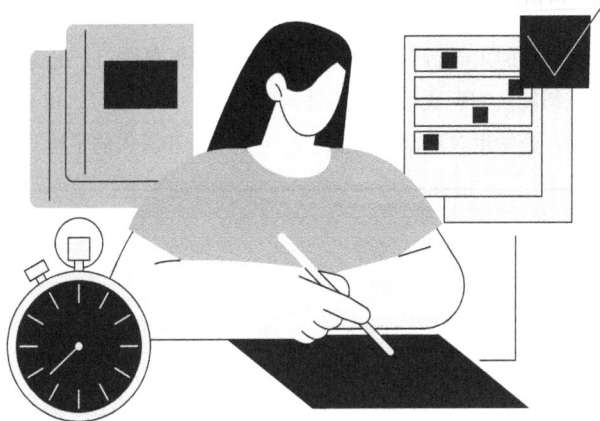

人民邮电出版社

北 京

**图书在版编目（CIP）数据**

走好学术路：科研萌新的自我修养 / 徐芳著. --
北京：人民邮电出版社，2024.4
ISBN 978-7-115-63524-2

Ⅰ．①走… Ⅱ．①徐… Ⅲ．①科学研究工作－普及读
物 Ⅳ．①G31-49

中国国家版本馆CIP数据核字(2024)第011327号

## 内 容 提 要

科研新手如何正确地开启自己的研究之路？论文各部分怎么写？如何发表自己的第一篇 SSCI/SCI 论文？研究生产生迷茫的常见原因及其应对之策……

本书作者已有二十多年的"研路历程"，也经历了学术道路上的种种挑战和探索。作者通过非学术的方式，总结自己的学术思考、论文写作经验、与研究生相处的经验，让科研小白了解学术圈子中的术语、规矩和流程。本书从"开启学术之路""方法与工具""论文写作""论文发表""研究生的生活是怎样的""经验分享"这六个模块来逐一解答科研新人关心的问题。

无论是焦虑的大学新生，还是在科研道路上不得法门、充满迷茫的研究生，在这本书里都能找到解决问题的方法与突破点。本书还可以作为导师与学生间的沟通秘籍，让学生对科研生活能够产生更全面和深入的了解。

◆ 著　　　　徐 芳
　责任编辑　赵祥妮
　责任印制　陈 犇

◆ 人民邮电出版社出版发行　　北京市丰台区成寿寺路 11 号
　邮编 100164　电子邮件 315@ptpress.com.cn
　网址 https://www.ptpress.com.cn
　固安县铭成印刷有限公司印刷

◆ 开本　880×1230　1/32
　印张　5.75　　　　　　　　2024 年 4 月第 1 版
　字数　85 千字　　　　　　2025 年 9 月河北第 4 次印刷

定价：49.90 元

读者服务热线：**(010)81055410**　印装质量热线：**(010)81055316**
反盗版热线：**(010)81055315**

# 前　言

在过去二十多年的"研路历程"中，我经历了学术道路上的种种挑战和探索，最终从一名研究生成长为特聘教授、博士研究生导师，入选省级人才项目；从科研写作新手到担任十多种 SSCI、CSSCI 中英文期刊的同行评审；从发表第一篇论文时的焦头烂额到发表中英文学术论文百余篇的游刃有余；从导师眼里的科研小白到科研导师——指导本科生完成多个"大创项目"，指导本科生发表了数篇论文（指导的多名本科生先后保研到 985 大学），指导近二十位研究生开展科研工作。

回望来时路，我对刚刚进入研究生阶段的学生可能会遇到的各种问题感同身受。这些困扰可能包括选择导师、融入团队、寻找研究兴趣、提炼研究问题、选择合适的研究方法、学习数据分析技术、掌握论文撰写技巧、选择适合投稿的期刊、回复同行评审意见以及使用英文稿件校对系统等方面。虽然这些问题可以通过自己的努力寻找到解决办法，但这无疑需要投入大量的时间和精力。有时候，如果我们运气不好，找到了不准确甚至错误的"偏方"，还会有"误入歧途"的风险。

因此，我想从研究生和导师的双重视角，重新审视学生们在研究生阶段可能会遇到的各种问题，再结合自己在研究生阶段的体验、作为科研人员的研究经历、担任同行评审的经历以及指导研究生的经验，以一种"非正经学术"的方式，较为系统地呈现研究生阶段可能遇到的各种问题及解决之道。从 2022 年 8 月至 2023 年 10 月,我陆续在科学网博客上发表这一主题的博文,并在整理成书的过程中进行了较大幅度的补充、修改和完善。写这本书最简单的目的就是希望"我踩过的坑绝不允许你们踩",让更多的科研新人受益,让学术世界变得更加温暖和有活力。

本书涉及的主题大多源于我多年以来的求学、科研以及指导学生的经验,对于从本科高年级到"研 0"阶段,再到读研期间和研究生毕业季的读者都有所裨益。在本科阶段,如果你想保研或者考研,可以阅读"如何高效地度过大学四年"和"怎么和目标学校心仪的导师联系"等;如果你已经获得"拟录取"资格,对即将到来的研究生生活充满期待,但不知道应该做哪些准备时,建议阅读"在'研 0'阶段可以为即将开启的研究工作做哪些准备";不知道该如何开启自己的学术之路时,可以阅读"模仿:科研新手学术之路的开启方式"和"找到既有价值又有趣的研究选题的一些建议";当你在研究生起步阶段感觉迷茫时,可以阅读"研究生迷茫的常见原因及应对之策"。此外,"研究生开题的十大注意事项""答辩季:正确缓解答辩焦虑的方式""研究生同学请提交作品而非作业"等,将会指引你更顺利地通过研究生阶段的开题、中期考核、预答辩、答辩等核心环节。

总体而言,通过阅读本书,你可以了解如何正确地开启自己的学术之路,熟悉常用的研究方法、数据处理工具、文献检索数据库等,了解论文写作与发表的常见问题及其解决对策,并系统地了解研究生的科研生活。我还附上了自己及指导学生发表论文的故事,希望能给你的科研之路提供信心、带来启发。

相信每一位到了研究生这一阶段的读者都已经具备了知识检索、专业学习等核心能力，有时候缺的只是一个方向指引。因此，本书旨在为研究生的学术写作与科研生活提供指引，帮助研究生或有意向读研的同学们系统了解研究生阶段的学习、科研与生活。书中每个小标题都独立成文，读者可根据自己的需求有选择性地阅读；对于部分相互印证的内容，文中也列明了对应标题，读者可通过目录快速检索定位。为了便于读者轻松阅读并领会，本书在许多主题中仅提出了问题或线索，而未涉及具体的研究方法、数据处理等方面的知识。希望读者能够在本书的指引下进一步思考和探索。

2006 年，当时研二的我开始写第一篇博客（受限于网络平台，已经停止更新），后来断断续续地写了 15 年，我也从一名研究生变成了博士研究生导师。2022 年 8 月，我开通了科学网博客，分享自己的学术思考与经验。一年多的时间里，我写了 100 多篇博文，其中多数被科学网设置为"精华"博文，多次被推荐到科学网首页，并多次入选月度"十佳博文"，我本人也入选了 2023 年度新人博主。一年多以来，访问量已经超过 70 万人次。在此，我要感谢科学网博客这个平台和给我鼓励的各位博主，是他们的鼓励让我有了继续分享的动力。

感谢人民邮电出版社的赵祥妮老师的出版邀请，感谢人民邮电出版社的领导对本书的肯定，本书因此才能得以跟更多的读者见面。感谢我的家人在我撰写博文与整理书稿时的各种理解和支持，他们也认同这是一件有意义的事情。

最后，由于学科差异和本人学识有限，书中对于一些观点的阐述可能存在疏漏和错误。敬请读者批评、指正，也欢迎大家通过我的科学网博客反馈自己对书中问题的思考和建议，以便再版时进一步提高本书的质量，让更多的科研新人受益。

徐芳

苏州独墅湖畔

2023 年 11 月 14 日

扫码关注作者科学网博客

# 目　录

# 论文写作　　　　　　　　　　　　　　　　　075

# 开启学术之路

当科研新手开启学术之路时，通常需要从模仿开始，建议选择那些在学术领域内有较高声誉和影响力的专家进行模仿，同时结合自己的兴趣和研究领域，逐渐形成自己的研究风格和学术方法。

## 如何高效地度过大学四年

大学是人生中非常重要的阶段，在这四年里，你需要做好准备和做出许多重要的选择，为未来的职业生涯打下基础。

● 建立明确的目标和计划。在大学入学前（大类招生的可能要晚一点，可以边学边确定自己的目标），思考并尽量确定自己未来的职业目标和想要学习的领域。制订一个详细的计划，包括课程选择、实习和社交活动等，以帮助实现自己的目标。

● 认真学习。大学的学习非常注重知识积累和知识应用能力，要认真听课、做笔记、复习和参加讨论。课余时间要认真阅读相关材料，做好预习和复习。

● 积极参与社交活动。大学是一个广泛社交的场所，可以通过参加各种校园文化活动，结交新朋友，建立人脉，提高自己的社交能力和沟通能力。

● 参加实习和志愿活动。通过参加实习和志愿活动，认识社会，积累实践经验，增强解决实际问题的能力和竞争力。

● 培养良好的生活习惯。保持健康的饮食、规律的作息、适量的运动和充足的睡眠，有助于保持身体健康和精神状态良好。

● 与老师和同学建立良好的关系。与老师和同学建立良好的关系有助于建立信任，培养自己的合作能力、团队精神，这对学习、生活及以后的工作都有很大的帮助。

● 培养良好的时间管理习惯。大学四年时间非常宝贵，因此要制订合理的学习计划（并非所有的证书都是必须考的），合理安排时间，尽可能避免拖延和浪费时间。

- 多读书、多写作。大学是提高阅读和写作能力的最佳时期，多读书、多写作，可以提高自己的语言总结和表达能力。

- 培养自己的兴趣爱好。大学具备自由宽松的学习环境，你可以在这种环境中培养自己的兴趣爱好，尝试新的领域，丰富自己的生活。

- 培养良好的财务管理能力。大学四年是人生中独立负责财务计划的较早时期，要培养良好的财务管理能力，合理规划自己的生活收支预算，避免债务危机。

- 锻炼领导能力。大学中有很多锻炼领导能力的机会，可以参加学生组织、社团活动、志愿活动等，锻炼自己的领导能力。

大学是一个充满机会和挑战的地方，因此你需要不断学习和成长，不断调整自己的计划和目标，为未来的发展打下坚实的基础。

## 怎么和目标学校心仪的导师联系

获得推免资格或者通过研究生复试后，怎么和目标学校心仪的导师联系呢？细节决定成败，应用到选择导师过程中可能有点夸张，因为导师更关注的是学生的研究基础与知识储备情况。但是细节会影响给心仪导师留下的第一印象。

- 邮件主题：第一次联系，通过电子邮件比贸然加微信或者打电话可能更合适。邮件的标题要准确表达自己的目的。例如，可以写"来自某某大学某某的自荐信"等。

- 邮件内容：简单而准确地介绍自己及写邮件的目的。例如，已经获得推免资格，已经参加目标学校组织的夏令营，获得"优秀营员"或优秀学员（备选）的荣誉，对老师的研究方向非常感兴趣（不要简单复制老师个人主页上的研究兴趣），介绍一下自己的研究基础和知识储备情况，表达想争取机会跟随导师读研的意愿等。

- 邮件附件：建议能在邮件内容里说明的就不用附件，下载附件比较费时间，导师们通常都比较忙。如果有证明自己研究能力的论文和良好知识体系的成绩单，则可以附上。

一些可能会出问题的小细节如下。

- 由于是给自己心仪学校的导师写邮件，比较激动，因此写完邮件忘记写主题，不小心点发送了。

- 出于同样的原因，忘记添加附件，不小心点发送了。

- 同时跟不同导师联系，在复制邮件内容后，忘记改导师的姓了。

- 没花太多时间准备，直接复制了导师个人主页上的介绍，特别是研究方向，态度过于敷衍。

建议：先用不同的文档写好要发给每个学校的导师的邮件内容，然后通读一遍，检查是否有错别字等，写邮件的时候分别复制；发送邮件之前认真检查邮箱地址、称呼、附件等细节。

## 在"研 0"阶段可以为即将开启的研究工作做哪些准备

"研 0"是指尚未正式入学的研究生,这类学生已经获得了研究生录取资格,但尚未正式开始研究生阶段的学习。对于研究工作的准备,他们可能会感到紧张和迷茫。以下是根据自己的经历和指导学生的经验总结的一些建议,希望可以帮助处于研 0 阶段的同学更好地进入研究状态。

● 积累基础知识。在开始研究之前,你需要对相关领域的基础知识进行学习和了解。这可以通过课程学习、阅读文献、参加学术会议、参加相关培训课程等方式进行。本科阶段是积累学科知识的时期,但由于数智时代知识获取的方式已经发生了很大改变,因此知识积累需要的时间大大缩短了。此外,学习方式也由原来的记忆"知识"本身变成记忆"知识 + 知识存储的线索"。

● 确定研究方向和主题。在开始研究之前,你需要选择一个具体的研究方向和主题。这可以帮助你明确研究目标,并为研究工作提供一个清晰的方向。参见"科研新手如何正确开启自己的研究之路"。

● 寻找导师和团队。寻找一位有经验的导师和一个合适的团队(实验室)是非常重要的。有经验的导师可以为你提供有力的指导和支持,团队可以为你提供必要的研究设备和资源。

● 学习研究方法和技术。在开始研究之前,你需要了解与研究相关的方法和技术。这可以通过阅读文献、参加技术培训、学习相关软件等方式来实现。

● 培养语言能力。如果你的研究领域涉及外语,那么你需要具备良好的外语阅读和写作能力。这可以通过学习外语词汇、阅读外语文献等方式来实现。

- 树立优良的科研道德。在开始研究之前，需要了解科研道德的基本准则，如诚实、公正、尊重等。这可以帮助你避免学术不端行为，从而保证你的研究成果的真实性和可信度。

- 培养良好的时间管理习惯。科研工作需要大量的时间和精力。养成良好的时间管理习惯，可以帮助你有效地安排时间，提高工作效率。参考"科研工作者常用的时间管理方法"。

- 保持耐心和韧劲。科研工作中可能会遇到挫折和困难，需要保持耐心和韧劲，不断尝试和探索，直到达到研究目标。

- 修炼论文写作的基本功。在完成数据收集和数据分析之后，需要将研究成果整理成论文。论文写作需要遵循学术规范和标准，包括论文结构规范、写作风格规范、参考文献著录规则等。

## 研究生快速地融入学科圈子的十大法宝

进入研究生阶段，研究生们需要思考的一个关键问题是，如何快速地融入学科圈子。因此我根据自身的学习、教学经验以及指导研究生的经历，总结了以下几点。

● 加入学科、学校、师门的各种交流群。加入学校、师门的交流群大家应该都能做到。有些学科还会有一些老师或者研究生组织的学科交流群，这些群也可以考虑加入，里面会有学科的动态、学术会议等信息。

● 关注学科的微信公众号。在碎片化阅读时代，大家应该已经习惯了使用手机阅读。关注学科的一些微信公众号，可以帮助你快速地了解学科的动态、学术会议，以及科研论文、课题等方面的信息。

● 关注科学网博客的博主。我在科学网写博客后，发现有很多资深的前辈都在科学网写博客，而且内容都很优质。阅读这些博客，能够带给你启发，或者解开你的疑惑。

● 注册期刊网站或者出版集团网站的账号。有些期刊网站是提供订阅服务的，只要完成注册、订阅，学科的最新研究论文目录会定时发送到你的邮箱，博士研究生在注册的时候还可以申请成为同行评审，这是一种获取学科新知识的理想方式。

● 定期浏览学科的期刊网站。对于一些不提供订阅服务的期刊网站，可以定期浏览网站，遇到自己感兴趣的研究论文，可以下载到自己的文献管理工具里，供以后学习用。

- 积极参加学科的学术会议。许多学科有专门为研究生组织的论坛，参加这些论坛，可以认识兄弟院校的研究生，一起交流，甚至合作研究。非专门面向研究生的学术会议也可以参加，学术会议是获取学科前沿知识的必要途径。

- 积极参加导师组织的各项活动。其中包括组会、合作研究、户外拓展训练等。

- 关注研究方法类的微信公众号。这类公众号能让你了解到各种各样的研究方法和数据分析工具，在这个过程中就有可能找到做毕业论文需要的方法和工具。

- 争取交换、访问的机会。每个学校都有一些研究生交换项目，可以争取走出学校，到国内外的院校进行访问和交流。

- 开通各种主流社交媒体账号。建议开通各种主流社交媒体账号，作为系统学习和科研训练的补充。找到合适的学习渠道后，再停掉一些。

欢迎大家到我的科学网博客"研究生快速地融入学科圈子的十大法宝"页面来补充更多有效的方法，好的建议会被收录到本书的升级版中。期待大家的反馈。

## 科研新手如何正确开启自己的研究之路

根据我自己接受科研训练的经验，要开启研究之路，第一步是读文献（这话别人当时也和我说过）。我还记得当初我们讨论过，读多少篇文献才能开展研究。本科生在开始写自己的毕业论文之前，可能需要阅读 20 ～ 30 篇文献，才会有一些关于论文的想法。硕士研究生开题之前，可能需要阅读 50 篇左右的文献，才能较好地完成开题报告。博士研究生开题之前，可能需要阅读 100 篇左右的文献，才能胜任开题报告的撰写工作。

怎么查找文献？这似乎不是一个问题，但它的确是一个问题。

（1）对许多学生来说，读文献是找到自己的研究兴趣、确定研究问题的唯一途径。因此，查找文献的能力非常重要。怎样才能高效准确地查找文献，特别是英文文献呢？一是利用外文数据库，例如 Web of Science、Elsevier、Emerald 等，以标题、主题、关键词或者篇关摘[1]为检索入口，进行检索。二是找到关键文献（Key Papers），浏览参考文献，采用回溯的办法不断寻找文献。三是确定自己的研究兴趣后，在定期浏览学科期刊论文时，遇到自己领域的论文可以全部下载下来，存放在类似于 E-learning 这样的学习库里，研究时直接从自己的学习库里查找文献。

（2）读文献是最重要的阶段。文献应该是要读好几遍的。

第一遍，建议略读。虽然查找文献的时候，已经通过阅读题目、摘要、关键词进行了一轮筛选，但是在没有浏览内容的情况下很难判断该文献

---

[1] 即论文的篇名、关键词和摘要。

是否可以作为自己研究的参考文献，乃至核心参考文献。

第二遍，精读文献。通读第一轮筛选出来的可能会作为自己研究工作参考文献的那些文献。科研新手在这个阶段还需要寻找自己模仿和重点参考的文献。"模仿"是科研新手主动开始研究的最初的方法（其他方法还有导师指导、听讲座等，但都是被动接受的方法）。

第三遍，仔细研读关键文献，做阅读笔记，整理自己的研究思路，尝试写文献综述。

附上两篇我和硕士生合作的综述论文，供有需要的朋友参考。

- 徐芳、马丽《国外数字鸿沟研究综述》(《情报学报》2020 年 11 期）

- 徐芳、应洁茹《国内外用户画像研究综述》(《图书馆学研究》2020 年 12 期）

## 模仿：科研新手学术之路的开启方式

在学术研究中，模仿是指借鉴和参考他人的研究方法和成果，以进一步推进自己的研究。模仿是学习过程的一部分，可以帮助新手了解领域内的研究方法和规范，掌握基本知识和技能，从而为自己的学术研究打下基础。当科研新手开始自己的学术生涯时，通常可以从模仿开始。

模仿有以下优点。

- 学习榜样。模仿可以引导新手向领域内的专家（注意识别真正的专家）学习。通过研究专家的论文和方法，新手可以了解该领域的研究方向、研究设计和实验技巧等，从而更快地融入学术环境。这是因为模仿可以帮助科研新手理解专家的思维过程和解决问题的方法，从而在确定研究风格和学术方法方面取得进步。

- 帮助新手掌握领域内的基本知识和技能。通过模仿专家的论文，新手可以学习如何撰写学术论文、如何设计研究（实验）、如何分析数据等，从而打下坚实的学术基础。这些基本技能对于科研新手来说非常重要，可以帮助他们更好地进行科研工作，提高研究的质量和水平。

- 了解领域内的研究前沿和热点。通过研究专家的论文，新手可以了解领域内的最新研究成果、发展趋势和未解决的问题，从而为自己的研究方向和主题选择提供参考。

- 适应科研的社交和合作环境。模仿还可以帮助科研新手了解与适应科研的社交和合作环境，例如如何与同事或合作伙伴进行有效的沟通和协作，如何参加学术会议和研讨会等。这些社交和合作技能对于科研新手来说也非常重要，可以帮助他们更好地融入学术社区，建立良好的人际关系和学术网络。

如何进行模仿呢？

- 科研新手可以模仿领域内的专家和经验丰富的研究者的论文与方法，此外，导师和其他实验室的合作者也可以成为新手模仿的对象。

- 新手在开始学术生涯时，应该尽可能多地阅读领域内的文献，了解不同专家的研究方法和技巧，从而找到自己想要模仿的对象。此外，新手也可以参加学术会议和研讨会，与领域内的专家和研究者交流，了解最新的研究成果和趋势，从而找到可以模仿的对象。

需要注意的是，模仿应该是有目的、有选择的学习过程。新手应该选择那些在学术领域内有较高声誉和影响力的专家进行模仿，同时要根据自己的兴趣和研究领域进行选择。此外，新手还应该注意不要过度依赖模仿，而应该通过实践和研究，逐渐形成自己的研究风格和学术思想。

## 找到既有价值又有趣的研究选题的一些建议

对于科研工作者来说，找到既有价值又有趣的研究选题是一件非常理想和幸福的事情，有时可遇不可求。通常可以考虑以下几个方面。

● 了解研究领域的前沿动态和热点问题。可以通过查阅相关领域的学术文献、参加学术会议、关注领域内的知名学者等方式了解当前的研究热点和前沿动态，从而找到有价值的选题。

● 基于自己的兴趣和优势。一个自己感兴趣的领域不仅能够激发研究者的积极性和热情，还有利于研究者深入挖掘和探索该领域。此外，研究选题应该与自己的兴趣和优势（例如，地理优势，获取资料时近水楼台先得月）相关，这样才会有足够的动力和热情去完成研究（兴趣是研究的动力源泉）。同时，有利的条件和资源也能为研究提供支持。

● 重视选题的实用性和应用价值（学科使命和社会责任等）。研究选题应该具有实际应用的价值，不仅能够满足学术研究的需要，还能为解决实际问题提供帮助。这样才能让研究具有实用性和价值，同时也能得到更多人的关注和支持。

● 重视选题的挑战性和创新性。学术空白（真正的空白）是指寻找尚未被深入研究或缺乏充分研究的领域。这样的研究选题具有探索性和创新性，能够推动学科发展，同时也有利于研究者展示自己的学术能力。

● 与其他学科进行交叉和融合。研究选题可以与其他学科交叉和融合，从而产生新的研究方向和思路，以推动领域的发展和进步。

- 与导师和同行专家讨论。与导师和同行专家讨论能够获取有价值的指导和建议，同时也能了解他们的研究方向和该领域未解决的问题，从而结合自己的知识储备和优势，找到有趣又有价值的研究选题。

- 寻找热门话题。寻找热门话题是指寻找当前社会或学术界热议的话题。这样的研究选题具有广泛的影响力和关注度，能够吸引更多的资源和支持，但同时也需要研究者具备足够的学术素养和敏感度（理想情况是关注自己研究领域的热门话题，而非赶时髦地关注热点话题）。

总之，要找到既有趣又有价值的研究选题，需要广泛了解、深入挖掘、发挥自己的优势和特长；需要研究者具备较高的学术素养和敏感度，同时也要不断跟进学术界和社会的发展动态。

## 为什么建议科研新手从量化研究开始

发表论文是科研活动的必要环节，因为论文是科研工作者之间交流的一种必要手段。文献有很多种，但论文是最常用并且已经被大多数人接受的文献类型。没有文献，我们的研究就无法"站在巨人的肩膀上"，研究就会缺少逻辑起点和必要的领域知识，很容易做重复劳动，浪费时间、精力、财力、物力。所以，发表论文是一项十分重要且永不过时的工作。

在研究生阶段，甚至在本科生阶段，有些同学就已经开始思考发表论文的问题了，这也是他们最担心的问题。目前，在许多学校取得硕士、博士学位还要不同程度地与论文挂钩。而经过本科阶段的学习，研究生已经完成了知识的积累，科研刚刚起步，但是学术素养还需要时间才能修炼成功。

我经常建议我的研究生从做量化研究开始，因为量化研究有一些成熟的工具作为支撑，对研究者本身的要求没有质化研究那么高（对于以实验为主的学科，这些建议未必适合）。

### 1. 什么是量化研究

量化研究是一种基于数学方法和计算机技术的科学研究方式，通过对大量数据进行采集、处理和分析，揭示变量之间的规律和联系，从而得出具有普遍性和预测性的结论。

在量化研究中，研究者通常采用数学模型和统计分析方法来描述与解释数据，探究变量之间的各种关系。这些数学模型和统计方法可以帮助研究者控制误差、提高预测精度、检测异常值和揭示数据背后的隐藏模式。

在社会科学、经济学、生物学、医学等领域，量化研究被广泛地应用于解决复杂的社会问题、经济问题、健康问题等。通过量化研究，研究者可以利用数据挖掘、机器学习、大数据分析等技术，从大量数据中提取有价值的信息，为政策制订、决策分析、临床实践等提供科学依据。

## 2. 做好量化研究需要注意的关键点

做好量化研究需要注意的关键点如下。

- 研究问题明确。研究的目的是解决研究的问题，所有的研究工作（文献综述、研究设计、数据采集、数据分析、研究结果展示和讨论）都应围绕该问题展开。

- 文献综述。对相关研究（包括前人已经做了哪些研究、还存在哪些研究空白以及为什么该研究有价值）进行综述。参见"文献综述类论文的作用和写作经验"。

- 研究设计。根据研究问题进行合理的研究设计，包括量表设计、样本选择、数据采集、变量测量和数据分析方法选择等。

- 数据质量。为了保证数据的质量和准确性，要重视数据采集（最关键的环节，如果采集到的数据质量不高，后面再怎么努力都无济于事）、数据处理和数据清洗等。

- 模型选择。根据研究的问题和数据特征，选择合适的模型进行分析。在选择模型时，需要说明选择的理由和模型的适应性。

- 结果验证。对分析结果进行合理的解释和验证，并与预期结果进行比较。在验证结果时，需要考虑到结果的可靠性和可重复性。

## 3. 做好量化研究需要掌握一些数理统计方法

这些方法可以帮助研究者对数据进行分析和解释，从而得出具有可信度和可重复性的结论。以下是一些常用的数理统计方法。

（1）描述性统计。使用平均数、标准差、方差、协方差等，描述数据的集中趋势和离散程度。

（2）推论性统计。通过样本数据来推断总体特征，如假设检验、方差分析、回归分析等。

- 概率分布。研究随机变量的概率分布规律，如正态分布、泊松分布、二项分布等。

- 假设检验。通过样本数据来检验假设是否成立，从而对总体特征进行推断。

- 方差分析。通过方差来比较不同组数据的变异程度，确定因素对数据的影响。

- 回归分析。研究因变量和自变量之间的关系，并预测因变量的取值。

（3）时间序列分析。研究时间序列数据的规律和趋势，如平稳性检验、协整分析等。

（4）多元统计。研究多个变量之间的关系，如多元回归、因子分析、协方差分析等。

以上是一些常用的数理统计方法，但不限于这些方法。具体使用哪种方法取决于研究问题和数据特征。在量化研究中，选择合适的方法对得出正确的结论至关重要。

## 科研新手为什么要了解 SSCI 论文（研究）的类型

SSCI 论文（研究）的类型是社会科学领域中重要的基本知识，对于科研新手来说，了解 SSCI 论文的类型可以更好地把握学术研究的方向和目标。因为不同类型的研究需要掌握不同的技术和方法，写作风格也有一定的差异。

● 了解 SSCI 论文的类型可以帮助研究者确定自己的研究方向。不同的 SSCI 论文类型有不同的研究目的和要求，了解这些类型可以更好地了解自己想要研究的领域和方向，从而确定自己的研究方向。

● 熟悉 SSCI 论文的类型可以更好地理解和分析研究成果。在阅读 SSCI 论文时，了解其类型可以更好地理解文章的研究目的、方法和结论，从而更好地吸收和应用其中的研究成果。

● 掌握 SSCI 论文的类型可以提高撰写学术论文的能力。了解 SSCI 论文的类型可以更好地掌握学术论文的写作规范和要求，更好地组织和撰写自己的学术论文，从而提高撰写学术论文的能力。

● 掌握 SSCI 论文的类型可以更好地参与学术交流和研究合作。了解 SSCI 论文的类型可以帮助新手更好地了解学术会议和学术期刊的类型，从而更好地参与学术交流和研究合作。

总之，了解 SSCI 论文的类型是科研新手必备的学术素养之一，可以更好地把握学术研究方向，提高学术论文撰写和参与学术交流的能力。

SSCI 论文（研究）的常见类型如下。

● 量化研究类论文。"量化研究"是一种对事物可以量化的部分进行测量和分析，以检验研究者自己的有关理论假设的研究方法。量化研究有一套完备的操作技术，包括抽样方法（如随机抽样、分层抽样、系统抽样、整群抽样）、资料收集方法（如问卷法、实验法）、数据统计方法（如描述性统计、推断性统计）等，通过这种测量、计算和分析，达到对事物"本质"的把握。参见"为什么建议科研新手从量化研究开始"。

● 质化研究类论文。质化研究是研究者本人作为研究工具，在自然情境下采用多种资料收集的方法对社会现象进行整体探究，使用归纳法分析资料并形成理论，通过与研究对象互动，对其行为和意义建构获得解释性理解的一种活动。

● 系统性综述类论文。系统综述（Systematic Review）又叫系统评价，是在回顾、分析、整理和综合原始文献的基础上进行的一类综述。系统性综述类论文是对已发表的文献进行系统性收集、筛选、分析和综合，以梳理相关领域的发展情况，并解决某一特定问题的论文。系统性综述类论文的写作需要遵循一定的流程和标准，包括确定研究问题、制订搜索策略、筛选文献、评估文献质量、分析文献内容等步骤。这类论文的目的是对相关领域内的主要研究成果进行综合分析，并从中归纳出重要的结论和发展趋势，为后续研究提供参考和指导。在英文数据库中检索 Systematic Review，我们发现，一篇论文分析的文献数量通常在 30 篇左右。

● 元分析类论文。元分析（Meta Analysis，也称 Meta 分析）和系统综述有关。元分析是系统综述中使用的一种统计方法，将以往同类研究的结果进行综合分析。元分析是一种高级统计技术，可以对多个研究结果进行合并和分析，以获得单一的综合性指标。它通过对多个独立研究的结果进行加权平均或模型估计，来减小单个研究的误差和偏差，从而获得更准确和可靠的总体结论。元分析类论文的写作需要对多个独立研究的结果进行综合分析和比较，以确定最终的总体结论。同时，这类论文也需要作者具备较好的统计学知识和研究方法学素养，能够准确把握元分析的原理和应用。元分析类论文的分类有多种，常见的是对临床试验、观察性研究和实验性研究的结果进行综合分析。

- 定性比较分析类论文。定性比较分析（Qualitative Comparative Analysis，QCA）最初由查尔斯·拉金（Charles Ragin，1987—2009）提出，遵循密尔的比较方法，利用布尔代数的逻辑来进行因果推断。定性比较分析是一种基于集合论和真值逻辑的定性研究方法，它通过对多个案例的性质进行比较和分析，探究不同案例在各自条件下所表现出的结果和原因。这种分析方法以整体性和比较性的视角，对案例进行逐一分析和比较，探究案例间的相似性和差异性，以及案例间的条件和结果的关系。定性比较分析类论文是采用定性比较分析方法，对特定研究对象在不同条件下的案例进行比较和分析的学术论文。该类论文的写作需要对案例进行深入的实地调研和文献资料收集，以确保论文的可靠性和可信度。同时，这类论文也需要作者具备较好的学术素养和专业素养，并且能够准确把握研究对象的性质和特征。

- 文献计量类论文。文献计量类论文是采用文献计量学方法，通过对学术文献的各种特征进行量化的统计分析，来描述和评价某一学科领域的发展状况和研究趋势的学术论文。文献计量类论文通过对学术文献的数量、分布、传播和被引用情况等特征进行量化和可视化，以此揭示某一学科领域的研究现状、发展趋势和影响力。这类论文通常采用数据可视化、文献题录信息分析、引文分析等方法，对学术文献进行定性和定量的综合分析，以达到对某一学科领域的全面认识和深入了解。文献计量类论文的写作需要严谨的数据处理和分析过程，以确保论文的可靠性和可信度。同时，这类论文也需要作者具备较好的学术素养和专业素养，能够准确把握学科领域的发展趋势和研究热点。常用软件有 Cite Space 、VOS Viewer 等。由于有软件的支持，该类论文可以分析的文献数量远超系统性综述类论文。

## 科研新手的困惑及其解决的建议

刚步入研究生阶段的同学，在学术研究中，可能会产生以下的一些困惑。

- 找不到研究兴趣和研究主题。有的研究生在开学之前就已经找到了自己的研究兴趣，但有的研究生在完成第一年的课程后还是找不到自己的研究兴趣。科研新手在刚进入一个领域研究时，往往会发现自己在研究方向和主题上缺乏明确的思路。在这种情况下，建议多阅读该领域的文献（见"研究生必读：如何检索文献"），了解现有的研究，客观评估自己的实力和兴趣，找到具有研究潜力的、有价值的和有趣的研究主题。

- 缺乏研究方法与数据分析知识。有些同学在拟录取后便会联系导师，询问招生指标，以及是否需要学习一些数据分析的方法，准备工作提前了很多。但是，也有的同学入学了还没有主动学习的意识，往往到三年级写学位论文时才临时抱佛脚。学生对数据分析如果没有系统的认识和学习，就会影响数据收集的思路和数据质量，在数据分析阶段就会走弯路。建议拟录取后的研究生们提前学习研究方法和数据分析，已经确定导师的同学甚至可以向团队的老师或同学请教，在实践中不断探索和学习。

- 论文写作缺乏系统训练。对于不熟悉学术写作的低年级同学来说，论文写作可能是一个难题。在实践中，常见的问题主要有语言表达口语化、写作不规范不严谨、图表不美观等问题。在这种情况下，建议多阅读文献，学习别人的写作句式，甚至可以考虑利用科研组织或高校提供的相关课程和培训资源，提高自己的论文写作能力。

- 自信心不够。刚开始从事研究工作的同学，往往在学术会议和小组讨论中会感到紧张和自卑，不够自信。学习是一个循序渐进的过程，是一个从"不会"到"会"的过程。学生只要态度是积极的、思想是端正的，导师和团队都能够包容和接受。在组会中，只要做到认真地听，会后认真地准备，日积月累，就能跟上团队的节奏。

- 沟通缺乏主动性。在互联网时代长大的孩子们，习惯了线上的交流和学习模式，线下交流和沟通模式切换还不充分，沟通欲望不强烈，缺乏主动性，不愿主动联系导师或汇报自己的情况。建议同学们按时参加导师组织的一对一交流会和团队的组会，充分利用和导师见面的机会向导师汇报自己的研究进度。此外，还可以养成定期通过邮件（例如：每周一早上）向导师汇报的习惯。

以上困惑的解决需要同学们自己去领悟并实践，外在的建议只有内化到行动中，才能有效地解决问题。只要保持耐心和恒心，找到适合自己的方法，相信同学们最终一定会在自己的学术道路上取得成功！

## 研究生开题的十大注意事项

根据管理学原理帕累托法则，事物的主要结果只取决于一小部分因素（约瑟夫·朱兰）。在读研究生的过程中，开题、盲审、答辩无疑都是决定能否顺利毕业的非常关键的"小部分因素"。

对于三年制的研究生来说，开题通常都在第三学期（具体时间入学后可查看培养方案）。那么，开题需要注意哪些问题呢？

- 确定选题。这是准备开题的第一步（其实在这之前还有研究方向的确定，这项工作甚至可以提前到入学前），选题的确定需要和导师商量。选题分为被动型和主动型。被动型选题是指选题能够契合导师的研究方向、正在做的各种课题，是一种比较理想的选题，由于导师对该领域更加熟悉，会给学生提供一些资料，并且选题的可行性可能已经经过了同行评审的把关；主动型选题是学生自己提出的、自己非常感兴趣的其他选题，经导师把关认可后，也可以选。选题的类型和学生的知识储备、学术素养、探索欲等有关。

- 注意学硕与专硕的区别。学硕比较理想的选题要求同时具备理论价值和实践意义；专硕学位论文在考核的时候，会关注研究的应用性价值或实践意义，以及对行业的贡献。纯理论研究或者纯文献分析的选题可能不适合专硕。

- 检索文献。许多同学在本科阶段学习过文献检索的课程，没有学过的同学建议通过网络资料等进行专门学习。检索到关键的参考文献，会让研究事半功倍。文献检索的经验可以参见"科研新手如何正确开启自己的研究之路"。

- 撰写文献综述。因为一个人的时间和精力是有限的，而知识是无限的，所以绝大多数情况下，研究工作是建立在前人的研究基础上的（类似"本文不需要参考文献"的研究是非常少见的）。因此，文献综述是开题报告必不可少的部分。学生需要通读检索到的文献，精读重点参考文献，在系统性综述的基础上，评述研究现状，归纳研究特点和不足，为自己的研究选题提供支持。

● 撰写研究设计。研究设计是指对整个研究工作进行规划，制订出探索特定社会现象或事物的具体策略，确定研究的最佳途径，选择恰当的研究方法[1]。研究设计需要思考研究思路、研究方法、获取数据的具体方法等，可以通过阅读他人的学位论文或开题报告获取灵感。初稿完成后，建议和导师交流。

● 撰写研究大纲。开题报告还需要列出一个初步的研究大纲，可以具体到章节目录。

● 撰写参考文献。注意参考文献的格式和著录规范，参考文献的著录格式是有国家标准的——《信息与文献 参考文献著录规则》（GB/T 7714—2015）。

● 向学长学姐请教开题的经验。可以旁听上一届同学的开题、预答辩、答辩等，提前熟悉这些环节。在尊重知识产权的前提下，阅读他们的开题报告，以作为写作规范与格式的参考。

● 合理安排时间。第二学期末的时候，可以询问导师计划的开题时间，合理安排好自己的时间，以免准备时间仓促，导致第一次开题失败，耽误毕业的进程。

● 做好开题所需的 PPT 等准备工作。

---

[1] 风笑天. 社会研究方法（第五版）[M]. 北京：中国人民大学出版社，2018.

## 研究生开题报告的常见问题汇总与建议

我将阅读历届研究生开题报告时发现的常见问题汇总在这里。

● 关于选题。在阅读研究生开题报告时，发现一些研究生的选题很大，大到可以作为一个国家级的课题。这样的情况通常都是临时换选题，但已经没有时间请导师把关了。建议研究生入学后尽快找到自己的研究兴趣，多和导师沟通和交流，尽早确定适合的毕业论文的方向和选题。

● 关于文献综述。文献综述常见的问题有：文献找得不准确，英文文献只有寥寥几篇，综述的时候仅仅按年份介绍而没有按研究主题展开，缺少最新的文献等。建议国内外的数据库都要检索到，如果完全相关的文献非常少，那么可以用上位类检索词来检索。文献检索的经验可以参见"科研新手如何正确开启自己的研究之路"。

● 关于研究思路。有些同学的研究思路不清楚，逻辑混乱，导致开题的时候对导师问的问题回答不上来。出现这种情况的原因是有些同学对开题不够重视，还没进入状态就开始开题了。在写开题报告时，研究者应该已经阅读完文献，研究思路要在文献的基础上展开，做到心中有数。建议研究思路用图来表示，更直观。

● 关于研究方法。研究方法与数据获取、数据分析的方法是有区别的，一般的哲学思维方法如归纳、比较等，很少在学术研究中作为研究方法使用（早期偶尔见到过）。建议读研期间多阅读学科的期刊论文、学位论文，系统地学习研究方法课程。

● 关于研究内容。研究内容常见的问题是研究内容过多或者过少。这同样是一个逻辑和思路的问题。逻辑清晰的同学，其论文的研究内容也会相对清楚。建议多阅读同学科的优秀学位论文，总结经验，多和导师沟通。

● 关于篇章结构。篇章结构主要是章节顺序的问题，同样也是思路和逻辑的体现。我见过没有研究总结与展望部分、没有建议或策略部分的篇章结构，针对这样的问题，阅读几篇他人的学位论文即可避免。研究内容清楚了，按照合理的顺序安排到不同的章节即可。

● 关于参考文献。参考文献常见的问题是著录不规范。因为学位论文的篇幅通常比较长，所以通常会同时使用脚注和参考文献。在每页的下方提供脚注，这样读者阅读时在当前页就可以看到参考文献。建议参考《信息与文献 参考文献著录规则》（GB/T 7714—2015）。

● 关于图表。有些研究生的开题报告的图表没有图表标题，这种情况不是很常见，通常是准备工作不太充分造成的。建议在提交开题报告前仔细检查下。

相关内容可参见"科研新手如何正确开启自己的研究之路""研究生开题的十大注意事项""论文的参考文献著录格式你写对了吗"。

## 答辩季：正确缓解答辩焦虑的方式

学位论文答辩是指完成学位论文后，由学生向论文指导教师及专家组展示论文研究成果并进行口头答辩的过程。它是学位授予的最后一步，也是考验学生研究水平和能力的重要环节。通过学位论文答辩，专家组会评估论文的学术水平、研究深度、原创性、创新性、实用性等，给出是否同意授予学位的意见，并将结果提交给学位委员会进行最终决策。学位论文答辩不仅是对学生整个学术生涯的总结，也是对其未来职业发展具有重要影响的一次展示。

每年的 5 月都是答辩季（2.5 年学制的通常答辩季在 11 月），本科生、硕士研究生、博士研究生都需要通过答辩才能拿到学位。根据这些年参加学生学位论文答辩会的经历，总结了一些注意事项，以缓解面临答辩的同学的焦虑。

● 焦虑是解决不了问题的。由于对答辩程序的不了解，对未知事物的担心，有许多同学在答辩前都会有不同程度的焦虑。建议去旁听上一届学长学姐的答辩会，提前熟悉答辩的流程，做到心中有数。

● 功夫花在论文写作过程中。答辩仅仅是一个环节，有些同学焦虑是因为对自己的论文不太有信心。如果论文写作过程中严格按照时间节点，和导师进行过多次交流和沟通，论文的质量应该是有保障的。但事实是，有些同学（特别是本科生）会在最后的时段突击写论文，由于时间仓促，在论文形式、写作规范方面难免存在一些问题（每年盲审的学位论文中有一些就是这种情况）。如果自己对论文质量都没信心，怎么能自信地面对答辩老师的提问？建议将功夫花在做研究和写作的过程中，尽可能地保障论文的质量。

- 通读是提高论文质量的一种有效方法。如前所述，有些同学由于时间安排有问题，论文是速成或冲刺完成的，因会出现一些低级的问题，例如，格式不统一、图表不清晰、写作不规范（引用的资料未标明资料来源）、超长句子、参考文献著录不规范、缺少过渡段、逻辑不清楚、可读性不强等。其中许多问题是可以通过通读来发现和解决的。建议将文稿打印出来，自己通读或者和同学交换通读，这种方法能解决很多问题。

- 写作的过程是一个学习的过程。学位论文的写作过程是一个从无到有的过程，同学们要有积极学习新知识的心态，在阅读文献、选题、开题、中期考核、预答辩的环节要提前准备，利用团队组会多和同学或同门交流，积累经验，这样才能做到答辩时胸有成竹。

- 加强和导师的沟通。导师是学位论文的"教练"和"把关人"，学位论文质量的保障离不开导师的指导。不排除有一些非常厉害的同学，单打独斗也可以写出高质量的内容，但是在写作经验、写作规范、篇章结构安排等方面，导师毕竟还是经验丰富一些，导师的指导能让论文的质量更上一层楼。

- 用好定标比超法。定标比超（Benchmarking）是一种通过与最佳实践对标，发现自身不足并持续改进的方法。它被广泛用于企业管理和质量管理等领域。定标比超不仅是一种方法，也是一种管理理念。它强调不断学习和持续改进，将外部的最佳实践作为内部发展的目标，并通过对标过程发现自身的不足和提升空间。刚开始做研究和写论文时，模仿是一种比较有效的方法。在写学位论文之前，不妨应用定标比超法，在 CNKI（中国知网）或 ProQuest 学位论文数据库中下载一篇和自己的研究方法或研究主题比较接近的学位论文（或参考同门的学位论文）作为参考。

## 影响科研工作者职业生涯早期发展的两大关键要素

影响科研工作者职业生涯早期成长的要素有很多，例如，研究生阶段的系统化训练、职业生涯早期的时间和精力投入、单位科研启动经费等。今天想讨论的是研究生阶段的系统化训练、时间和精力的投入两个关键性要素。

### 1. 研究生阶段的系统化训练

研究生阶段可以认为是接受科学研究系统化训练的最佳时期。一方面，通过本科阶段系统的专业学习，研究生已经积累了较为丰富的知识。这些知识为探索新的知识打下了良好的基础，也增加了研究生对未知领域探索的好奇心。另一方面，研究生（这里指脱产学习的研究生）阶段是潜心科研的最佳时期，在接受系统化的科研训练方面时间是有保证的。

研究生阶段科学研究的系统化训练主要包括专业基础知识的进一步学习和积累、研究方法的系统化训练（支持职业生涯申请课题和开展研究）、研究兴趣的发展和研究方向的确定（支持专注某个具有研究潜力的研究领域）、研究领域的前沿研究关注（长期积累，紧跟研究领域的前沿，保证职业生涯早期研究的创新性）、学位论文开题报告撰写（支持职业生涯早期的课程申请书）、期刊（或会议）以及学位论文撰写（支持职业生涯早期的结项报告）、开题和答辩环节（熟悉流程，为职业生涯研究生指导提供支持）等。

这个阶段，应该拿出百分之百的时间和精力投入科学研究的训练过程之中，细致地观察、认真地总结、尝试领悟科学研究的过程、方法、态度、成功的关键要素等。这个阶段如果没把握好，要补的东西太多，会严重影响职业生涯早期的发展进度。

## 2. 职业生涯早期时间和精力的投入

这个问题似乎不是一个问题，但面对生活、面对现实时，它就成为了一个问题，而且还是一个关键性的问题。

通常，想继续从事科学研究的人，需要读完博士。在完成研究生阶段的学业后，便面临着教学、科研、管理或事务性工作，以及成家、买房、生子等人生中非常重要的事情。处于职业生涯早期的科研工作者们在经济方面的积累几乎为零（不排除有个别读研期间就能实现财富自由的人），而完成这些人生大事都需要很强的经济实力。因此，将时间用于挣钱、用于家庭发展（包括家庭人口的发展），成了做科研的最大敌人。

在时间方面，众人平等，每人每天都只有 24 小时，将时间用于一个方面，意味着在另一个方面投入的时间肯定会减少。如果非要工作和家庭两个方面兼顾，那只能以透支自己的健康为代价（不鼓励这种方式）。

在职业生涯早期，由于研究生阶段已经接受了系统的科研训练，因此科研工作者将时间用于哪个方面，在哪个方面就有可能取得好成果。如果不是这样，那只能说明在研究生阶段的科研训练环节没做好。

# 方法与工具

工欲善其事，必先利其器。方法与工具是科研新手从事研究工作的得力助手。这部分将介绍文献检索、常用全文数据库、常用学术资源平台、常用数据分析软件等。

## 研究生必读：如何检索文献

文献检索是研究生开展研究工作的基础，也应该是研究生的必修课，许多研究选题都来源于文献。但遗憾的是，目前只有少数学校在本科阶段开设了"文献检索""信息素养""图书馆学是什么"等通识课、公选课。下面我将分享文献检索的一些基本知识。

文献检索的步骤如下。

（1）分析研究课题。分析研究课题的主题内容、所属学科，从而析出主题概念，然后确定课题需查找的文献的时间范围、国家范围和文献类型范围。

（2）制订检索策略。在分析检索主题的基础上，确定检索数据库、检索用词，并明确检索词之间的逻辑关系和查找步骤的科学安排。

（3）选择检索工具。检索工具包括全文检索工具、文摘检索工具、专题性检索工具等。

（4）确定检索途径。各检索系统都具有多种检索途径，应根据课题需要选择自己熟悉的检索途径。

（5）调整检索策略。根据检索过程中出现的问题及时调整方案，扩大或缩小检索范围。

（6）索取原文。索取原文的方法有查询全文数据库、含有全文的电子期刊网，以及图书馆借阅、资料复印等。

常见的数据库和文献类型如下。

- 国内外常用的全文数据库：中国知网、维普百科、万方数据知识服务平台等中文全文数据库，以及 Web of Science、Elsevier、Emerald、Wiley 等英文数据库。详见"研究生发表 SSCI/SCI 论文需要知道的 10 个网站或数据库"。

- 常见文献类型：期刊论文、书籍、会议论文、博士论文和硕士论文等。

文献检索的方法如下。

- 主题词／关键词／篇名检索：在中、英文数据库中选择关键词／主题词／篇名检索，输入检索词进行检索。

- 作者检索：检索该领域的知名学者，了解该领域的前沿学科内容。主要是高被引论文、高产机构及高产作者。

- 浏览专业期刊：阅读该领域的权威期刊内容，有助于了解近期该领域的热点和动态。

- 获取高被引论文：仔细阅读，重复阅读，体会作者的思路、文章结构、语言表达等。

- 浏览"人大复印报刊资料"转载期刊：该期刊转载的都是各学科前沿领域、学科重要问题相关的高质量论文。对于科研新手来说，识别高质量论文有较大难度，因此，该期刊非常适合作为获取学科重要文献的途径。在学校图书馆网站查找"人大复印报刊资料"数据库即可访问。

## 研究生发表 SSCI/SCI 论文需要知道的 10 个网站或数据库

由于期刊出版模式、语言等问题,外文期刊全文、文摘数据库和学术网
站对很多人来说不太友好。以下是发表 SSCI/SCI 论文需要知道的 10 个
网站或数据库(说明:这些全文数据库或网站仅仅是我自己觉得需要知
道的网站,由于学科差异,更多的外文期刊全文数据库和网站欢迎大家
到我的科学网博客进行反馈,以便在本书的下一版中完善)。

### 1. Web of Science (SSCI / SCI)

通过该文摘数据库,可以检索到被 SSCI / SCI 索引的文献,如果学
校购买了其他全文数据库(Elsevier、Wiley、Springer、Emerald、
SAGE 等),可以直接跳转到全文数据库下载全文。此外,还可以通过
该数据库查询期刊是否被 SSCI / SCI 收录、影响因子等,为投稿前确认
期刊信息提供支持。

### 2. ORCID 网站

ORCID(Open Researcher and Contributor ID,开放研究员与贡
献者识别码)是一个全球性的非营利组织,个人可以免费注册。注册后,
可以发布自己的学术简历,形成自己专属的外文简历地址。

投稿 SSCI/SCI 期刊时需要注册账号,注册国外学术期刊账号时,如果
有 ORCID 账号,可以直接绑定,节省注册时间。此外,ORCID 允许
研究人员与他们所有的研究活动相关联,包括出版物、数据集、与研究
机构的隶属关系、资金支持等,进而改善信息流。例如,ORCID IDs 可
以被添加到期刊文章中的作者姓名中,因此 D. Q. He 不会被误认为是

D. He。注册人可以控制所有共享的信息，并随时进行更新。

目前 ORCID 注册量已超过 3 000 000 个，超过 600 家学术图书馆、研究机构、资助机构和出版商会使用这些 ID 来跟踪数据。通过 ORCID 账号可以轻松链接到其他研究人员的 ID，例如 Scopus 和 Researcher ID。

网址：https://orcid.org。

## 3. Researcher ID

Researcher ID 与 ORCID 是两大重要的作者身份识别系统，目标是解决作者重名问题。目前，它们在作者列表数据上已经实现了互联互通以及互相导入导出。

Researcher ID 是 Clarivate Analytics（原 Thomson Reuters）推出的数字标识符，与科研人员的姓名、研究领域、机构和科研背景等信息相关联。每位学术研究社群成员都有一个专属的 ID，方便学者追踪自己的研究成果并管理个人资料，同时也可以链接其他研究人员、组织和研究项目。这个 ID 的推出，极大地方便了科研人员的学术交流与合作。注册网站为 https://webofscience.com，注册页面如图 1 所示。

## 4. ResearchGate（全球科研学术交流平台）

ResearchGate 是一个免费分享和交流的网站，许多科研工作者将自己的成果上传到该网站（有版权问题的除外，也会有国外的出版集团警告作者不能将成果设置为公开访问，但可以站内写信向作者索取，用于个人学习）。

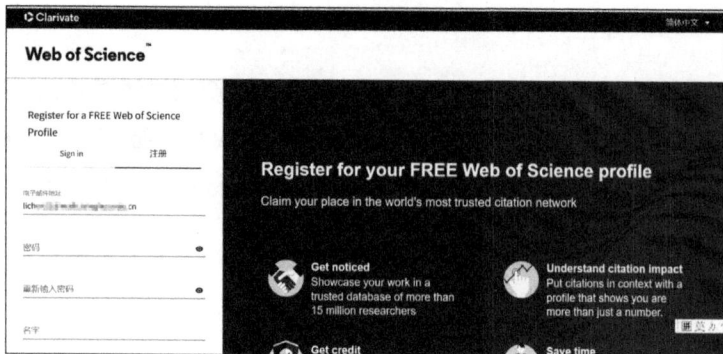

图 1　Researcher ID 注册页面

ResearchGate 于 2008 年由 Ijad Madisch 博士、Sóren Hofmayer 博士和计算机科学家 Horst Fickenscher 创立。社区的 2 000 万研究人员来自 190 多个国家和地区。它旨在推动全球范围内的科学合作，让用户可以联系同行，了解研究动态，分享科研方法和交流想法。

网址：https://www.researchgate.net。

## 5. ScienceDirect 数据库

ScienceDirect 数据库是荷兰 Elsevier 集团的核心产品，通过网络向用户提供电子出版物全文的在线服务。ScienceDirect 数据库拥有全球超过四分之一的科学、技术、医学和社会科学论文的全文，以及同行评审文章。通过 ScienceDirect，用户可以找到超过 2 500 种同行评审期刊，以及超过 30 000 种的权威书籍，包括参考工具书、手册、专著、系列书和教材等。其中，大多数期刊被 SCI、EI 收录。另外，该数据库与全球的科技与医学机构合作，每年出版 2 000 多种期刊和 1 900 多种新书，以及一系列创新性的电子产品。其特点在于及时获取在编文章，数据回溯时间长，最早可回溯至 1823 年创刊号。同时，中国有超过 200 个高校订购了 ScienceDirect 数据库，每月下载量高达 250 万篇。

网址: https://www.sciencedirect.com（需要学校图书馆购买才可以下载全文）。

## 6. Emerald 数据库

Emerald 是管理学、图书馆学和信息服务领域的重要出版商，也是世界上出版管理学、图书馆学和信息服务领域期刊最多的出版商之一。Emerald 数据库拥有多种出版物，包括 148 种期刊和多种电子丛书。

Emerald 管理学全文期刊库包含了 268 种专家评审的管理学术期刊，涉及会计金融与经济学、商业管理与战略、公共政策与环境管理、市场营销、信息与知识管理、教育管理、人力资源与组织研究、图书馆研究、旅游管理、运营物流与质量管理、房地产管理与建筑环境、健康与社会关怀等多个学科领域，其知名期刊有《管理决策》《供应链管理》和《人事评论》等。

Emerald 工程学全文期刊库则包含了 23 种高品质的同行评审工程学期刊，几乎全被 SCI、EI 收录，涵盖先进自动化、工程计算、电子制造与封装、材料科学与工程等学科领域。

除了期刊之外，Emerald 还提供了一系列电子丛书数据库，用户可以随时随地在线获取。

网址: http://www.emerald.com/insight/（需要学校图书馆购买才可以下载全文）。

## 7. SAGE 全文数据库

SAGE 全文数据库是 SAGE 出版社旗下的学术文献数据库，汇集了多种学科领域的期刊和图书的全文内容。SAGE 全文数据库涵盖了广泛的学科领域，包括但不限于社会科学、人文科学、自然科学、医学和工程学等。在每个学科领域内，SAGE 全文数据库都拥有多种类型的学术资源，如期刊、图书、论文、会议论文等。

网址: http://sage.cnpereading.com （需要学校图书馆购买才可以下载全文）。

## 8. SpringerLink

德国的施普林格 (Springer-Verlag) 是世界上著名的科技出版集团，通过 SpringerLink 系统提供其学术期刊及电子书的在线服务，这些期刊是科研人员的重要信息源。2002 年 7 月，施普林格在中国开通了 SpringerLink 服务。

SpringerLink 提供超过 1 900 种同行评审的学术期刊、不断扩展的电子书、实验室指南、在线回溯数据库等。SpringerLink 所提供的资源按 12 个学科进行分类，分为建筑学、设计和艺术，行为科学，生物医学和生命科学，商业和经济，化学和材料科学，计算机科学，地球和环境科学，工程学，人文、社科和法律，数学和统计学，医学，物理和天文学。

网址: https://link.springer.com （需要学校图书馆购买才可以下载全文）。

## 9. Wiley InterScience 全文数据库

Wiley InterScience 是 John Wiley & Sons 公司创建的动态在线内容

服务，于 1997 年开通，以许可协议形式向用户提供在线访问全文内容的服务。Wiley InterScience 收录了超过 360 种科学、工程技术、医疗领域及相关专业期刊、超过 30 种大型专业参考书、13 种实验室手册的全文和越过 500 个题目的 Wiley 学术图书的全文。其中被 SCI 收录的核心期刊近 200 种。这些期刊涉及化学、物理、工程、农业、兽医学、食品科学、医学、护理、口腔、生命科学、心理、商业、经济、社会科学、艺术、人类学等学科。

网址: https://onlinelibrary.wiley.com（需要学校图书馆购买才可以下载全文）。

## 10. EI / INSPEC – Engineering Village2（EV2）

EV2 平台可同时检索以下两个文摘索引数据库，也可以在网页中勾选进行单库检索。

- Ei Compendex（《工程索引》）: 目前最常用的文摘数据库之一，侧重于工程技术领域的文献报道，内容涵盖核技术、生物工程、交通运输、化学和工艺工程、照明和光学技术、农业工程和食品技术、计算机和数据处理、应用物理、电子和通信、控制工程、土木工程、机械工程、材料工程、石油、宇航、汽车工程及这些领域的子学科。其数据来源于 5 100 种工程类期刊、会议论文集和技术报告。数据库每周更新数据。

- INSPEC（《科学文摘》）: 由英国工程技术学会（The Institution of Engineering and Technology, IET）出版，是理工类学科最重要、使用最频繁的数据库之一。收录了物理、电子与电气工程、计算机与控制工程、生产和制造工程及跨学科领域的逾 4 500 种科技期刊、逾 3 000 种会议论文集，以及大量的专著、专利和论文，总量超过 2 200 万条数据。每周更新约 2 万条数据。

网址：https://www.engineeringvillage.com。

## 常用学术资源平台分享

下面介绍几个学术资源平台。请注意，大部分平台是完全免费的，有些平台的一些资料可能需要支付虚拟币（论坛币）。此外，一些开放获取（Open Access，OA）期刊网站的期刊论文是可以直接下载全文的。

### 1. 国家哲学社会科学文献中心

国家哲学社会科学文献中心 (https://www.ncpssd.cn) 立足于全国哲学社会科学领域，开展哲学社会科学文献信息资源的建设和服务。网站现有中文期刊、外文期刊、古籍等资源，收录哲学社会科学相关领域文献超过 2 000 万条，提供在线阅读、全文下载等服务；还链接了国内外哲学社会科学领域重要的政府机构、高等院校、学术机构以及数据库，便于查阅、访问。任何人都可以注册成为网站的使用者或合作单位。还支持 App 和微信小程序访问，可搜索关键词"国家哲学社会科学文献中心"。

在该网站上找到"注册"页，按照要求填写注册申请，即可成为网站的注册用户；使用用户名与密码登录后，可使用文献检索、资源订阅、在线阅读、全文下载等功能。

### 2. 小木虫论坛

小木虫论坛是一个专注于学术、科研、教育的综合性论坛。该论坛由清华大学、北京大学、浙江大学等著名高校的一批博士生、硕士生创建，旨在为广大学术科研工作者提供交流、互动、分享的平台。

小木虫论坛涵盖了广泛的学术领域，包括化学、材料、物理、生物、医学、工程等。论坛上的内容丰富多样，既有专业严谨的学术干货，也有轻松幽默的趣味话题，可以满足不同用户的需求。

小木虫论坛采用会员制管理方式，会员可以根据自己的兴趣爱好和专业领域加入不同的板块，进行交流和讨论。论坛还提供了多种特色功能，如文献检索、文献求助、论文分享等。用户可以通过这些功能快速找到自己需要的文献资料，也可以与其他用户进行交流和分享。

### 3. 经管之家

经管之家是一个专注于经济管理领域的专业论坛，也是国内非常具有影响力和权威性的学术交流平台之一。该论坛由一批经济管理领域的专家学者共同创建，旨在为广大学术界人士提供专业交流、学术研讨、资源共享的平台。

经管之家涵盖了广泛的领域，包括经济学、管理学、金融学、市场营销学、国际贸易、产业经济等。论坛内设有多个版块，如学术研究、职业发展、学术前沿等，每个版块都有专门的版主进行管理。论坛上的内容丰富，既有国内外最新的研究成果分享，也有专业严谨的学术论文发布。用户可以在这里与其他学者进行交流和讨论，分享自己的研究成果和经验心得。

经管之家采用了会员制管理方式，会员可以根据自己的兴趣爱好和专业领域加入不同的版块，进行交流和讨论，以及进行文献检索、文献求助、论文分享等。

### 4. 百度学术

百度学术是百度旗下的一个学术资源搜索平台。百度学术收录了包括知网、维普、万方、Elsevier、Springer、Wiley、NCBI 等逾 120 万个国内外学术站点，索引了超过 12 亿学术资源页面，建设了包括学术期刊、会议论文、学位论文、专利、图书等类型在内的超过 6.8 亿篇学术文献，成为全球文献覆盖量最大的学术平台。在此基础上，百度学术构建了包含超过 400 万个中国学者主页的学者库和包含超过 1 万个中外文期刊主页的期刊库。

用户在百度学术上可以进行文献、期刊、学者三类内容的检索，还可以进行高级检索和推荐检索；可以订阅感兴趣的关键词，收藏有价值的文献；对所研究的方向进行开题分析，进行毕业论文查重；通过单篇购买或文献互助的方式获取所需文献；可以在首页设置常用数据库，方便直接访问。百度学术还支持高校和科研机构的定制版学术搜索。

## 5. Open Access Library (OALib)

OALib（https://www.oalib.com）是一个学术论文搜索引擎和出版商，提供免费获取和提交学术文章的服务。它涵盖了 311 种研究领域，包括生物医学、社会科学、工程技术等。

OALib 的主要功能有搜索和浏览，用户可以通过关键词、标题、作者、期刊等条件进行检索，也可以按照领域分类进行浏览。OALib 目前收录了超过 200 万篇学术文章，其中包括来自国际知名数据库（如PubMed、arXiv 等）的元数据和全文链接，以及来自 OALib Journal 和其他开放获取期刊的全文。在 OALib 还可以进行出版和投稿，用户可以将自己的原创或已发表的文章提交到 OALib Journal，该期刊是一个多合一的开源期刊，采用同行评审的方式进行审稿。OALib 还提供了谷歌翻译的功能，用户可以将文章的标题和摘要翻译成其他语言。

## 6. OpenDOAR

OpenDOAR（Directory of Open Access Repositories，https://v2.sherpa.ac.uk/opendoar/）是一个开放存取资源目录，提供可搜索、免费访问的学术资源链接。它收录了全球超过 1 300 个机构和组织提供的超过 500 个学术仓储库，以及超过 2 500 种期刊等资源。

OpenDOAR 的主要功能：提供学术仓储库、期刊、论文等资源的搜索和访问服务；对学术仓储库、期刊等资源进行分类和元数据描述；提供学术仓储库、期刊等资源的评价和比较服务；支持多种格式的收录和发布，包括 HTML、PDF、DOC 等文档格式和 XML、CSV 等数据格式；提供学术仓储库、期刊等资源的注册和管理服务，支持在线申请和审核机制。

## 学术研究常用的数据分析软件

请注意不同学科常用的数据分析软件存在差异，要查找不同学科的常用
数据分析软件，可以通过以下几种途径。

- 专业论坛。许多学科领域都有自己的专业论坛或社区，如经济管理、
  统计学、生物信息学、社会科学等。在这些论坛中，你可以通过查
  看帖子、文章或讨论，了解该学科常用的数据分析软件。

- 学术论文。通过查阅相关领域的学术论文，你可以了解科研人员在
  使用哪些数据分析软件。这些软件通常包括数据处理、统计分析和
  可视化等功能。

- 网络平台。许多网络平台可以提供不同学科的常用数据分析软件信
  息，例如知乎、bilibili（B站）等新媒体平台，以及小木虫论坛等专
  业网站。

- 专业培训课程。许多大学和培训机构会提供与特定学科相关的数据
  分析课程。参加这些课程可以了解该学科常用的数据分析软件，并
  学习这些软件的使用技巧。

以下是一些常用文献计量软件的介绍。

## 1. CiteSpace 可视化软件

CiteSpace 是一款应用于科学文献，可识别并显示科学研究新趋势和新
动态的软件，由陈美超教授开发。它是一款实用的可视化分析软件，主
要用于分析共被引网络，可以帮助研究人员分析文献引用网络、作者合
作网络、主题演化等信息，更好地了解作者之间的合作情况，从而更好

地理解研究领域的发展趋势和热点。它应用于各种研究领域，如计算机科学、生物学、医学、社会科学等。

用户可以在 CiteSpace 的官方网站上下载并学习如何使用这款软件，也可以参考相关的使用手册或教程，来进一步掌握该软件的使用方法。CiteSpace 有两个版本，一个基础版（免费），一个收费版。

网址：https://citespace.podia.com。

## 2. Ucinet 社会网络分析软件

Ucinet 是一款社会网络分析软件，由加州大学欧文（Irvine）分校的一群网络分析者编写。该软件可以用于各种网络分析，包括社区检测、网络中心性分析、网络结构分析等。Ucinet 也有强大的扩展性，允许用户自定义网络指标、算法和可视化方式，从而满足不同的研究需求。

此外，Ucinet 还提供了丰富的数据导入选项，支持多种数据格式，如文本、Excel、SPSS 等。用户可以根据自己的需要将数据导入 Ucinet，然后使用内置的或自定义的网络分析方法对这些数据进行深入的分析。

Ucinet 是一款功能强大的社会网络分析软件，可以广泛用于社会学、人类学、管理科学等领域。如果你在这些领域需要进行社会网络分析，那么 Ucinet 是一个值得考虑的软件。

网址：http://www.analytictech.com/archive/ucinet.htm。

## 3. VOSViewer

VOSViewer 是一款用于科学知识图谱可视化的软件，由荷兰莱顿大学科技研究中心于 2009 年开发，该软件通过构建和分析文献知识单元之间的关系网络，展现知识领域的结构、进化、合作等关系。

VOSViewer 的突出特点是图形展示能力强，适合大规模数据。它支持多类视图解读，包括网络可视化视图、标签视图和密度视图。用户可以利用这些视图来深入探索和分析知识图谱中的数据关系和趋势。

该软件的数据来源可以是文献数据库中的数据，也可以是用户自建节点和联系的数据或直接导入的网络数据文件（如 GML 或 Pajek 文件）。对于文献数据库中的数据，VOSViewer 可以从主流数据库（例如 Web of Science 和 Scopus）中下载文献著录数据，然后提取相应的字段构建共现网络等。此外，VOSViewer 还支持从文本数据中提取主题词并进行聚类分析，这些文本数据可以来自用户自建文件，也可以来自相应的文献数据库中的标题或摘要字段。

总的来说，VOSViewer 是一款功能强大的科学知识图谱可视化软件，适用于不同的领域和数据类型，可以帮助用户深入探索和分析知识图谱中的数据关系与趋势。

网址：https://www.vosviewer.com。

以下是一些量化研究常用软件的介绍。

## 1. LISREL

LISREL（Linear Structural Relations）是一款结构方程模型（Structural Equation Modeling，SEM）软件，是公认的最专业的结构方程模型分析工具。该软件依据样本协方差矩阵进行分析、估计参数，提供了多种估计参数的迭代方法，例如不加权最小二乘法（ULS）、广义最小二乘法（GLS）、最大似然法（ML）、一般加权最小二乘法（WLS）、对角一般加权最小二乘法（DWLS）、工具变量法（IV）和两段最小平方法（TSLS）等。

LISREL 软件在数据分布、样本容量（一般要大于 100）、测量水平（一般为等距或等比数据）等方面有一定限制性要求，数据分布应服从多元正态分布。人们习惯上用 LISREL 作为协方差结构模型的一种称谓。需要强调的是，LISREL 只是进行协方差结构模型统计分析的一个工具，使用它来进行相关分析需要有一定的统计基础知识。

## 2. AMOS

AMOS 是 SPSS Statistics 软件包中的独立产品，是一款功能强大的结构方程模型建模工具。通过对包括回归、因子分析、相关性分析和方差分析等传统多元分析方法的扩展，为理论研究提供更多支持。

在 AMOS 中，用户可以在直观的路径图下指定、估计、评估及设定模型，以展示假定的各变量之间的关系，来建立能真实反映复杂关系的行为态度模型。在 AMOS 中，任何数值变量，不管是可观测的还是潜在的，都可以用来建模，预测其他数值变量。由于结构方程模型是一次性地验证复杂的因果关系，用标准方法以及在此基础上扩展的方法进行多元分析，因此比普通最小二乘回归和探索性因子分析更进一步，能获得更精确、丰富的综合分析结果。

AMOS 界面使用直观的拖放式绘图工具，用户可以快速地以路径图定制模型而无须编程，从而在研究中更方便地进行复杂关系的行为态度建模。

## 3. SPSS

SPSS 是统计功能非常完善的软件，英文全称原为 Statistical Package for the Social Sciences，即"社会科学统计软件包"。随着 SPSS 产品服务领域的扩大和服务深度的增加，SPSS 公司已于 2000 年正式将英文全称更改为 Statistical Product and Service Solutions，意为"统计产品与服务解决方案"。

SPSS 集数据录入、资料编辑、数据管理、统计分析、报表制作、图形绘制于一体。从理论上说，只要计算机硬盘和内存足够大，SPSS 可以处理任意大小的数据文件，无论文件中包含多少个变量，也不论数据中包含多少个案例。从某种意义上讲，SPSS 软件还可以帮助数学功底不好的使用者学习运用现代统计技术。

SPSS 采用类似 Excel 表格的方式输入与管理数据，数据接口较为通用，能方便地从其他数据库中读入数据。其统计过程包括了常用的、较为成熟的统计过程，完全可以满足非统计专业人士的工作需要。输出结果十分美观，存储时则是专用的 SPO 格式，可以转存为 HTML 格式和文本格式。对于熟悉老版本编程运行方式的用户，SPSS 还特别设计了语法生成窗口，用户只需在菜单中选好各个选项，然后单击"粘贴"按钮就可以自动生成标准的 SPSS 程序。

## 4. MATLAB

MATLAB 是 MathWorks 公司开发的高层次编程语言和交互式环境，是主要用于算法开发、数据可视化、数据分析以及数值计算的高级技术计算语言和交互式环境。在工程计算、控制设计、信号处理与通信、图像处理、信号检测、金融建模设计与分析等领域应用广泛。

MATLAB 也简称为 Matrix Laboratory，是一个集成了诸多高级技术的软件环境，可以用于矩阵运算、绘制函数和数据、实现算法、创建用户界面，并能调用其他编程语言的程序接口，比如 C、C++、Java、Fortran 等。

用户可以直接调用程序接口，也可以将自己编写的实用程序导入MATLAB 函数库中方便以后调用。它拥有众多的内置命令和数学函数，可以为数学计算、绘图和执行数值计算等提供帮助。

总的来说，MATLAB 是一个功能强大的数学计算软件，对于工程技术人员来说非常有用。

## 5. Origin

Origin 是一款由 OriginLab 公司开发的图形可视化和数据分析软件，广泛应用于科研和工程领域。

Origin 的核心功能是数据分析和图形绘制。它具有友好的用户界面，用户可以轻松地通过直观的菜单和对话框进行各种数据分析和图形绘制操作，而无须编写大量的代码。Origin 不仅可以处理大规模的数据集，还提供了强大的数据处理功能，如数据滤波、统计分析等。通过 Origin，用户可以轻松地对数据进行处理、分析和可视化，从而更好地理解和解释数据。

Origin 还具有曲线拟合、峰值分析、多维图形绘制等功能，可以满足用户在各个领域的需求。此外，Origin 还支持多种文件格式，如 CSV、XLS、TXT 等，用户可以方便地导入和导出数据。

总的来说，Origin 是一款功能强大、易用的数据分析和图形可视化软件，可以帮助用户更好地理解和解释数据，从而更好地完成工作。

## 6. EViews

EViews 是 Econometrics Views 的缩写，通常称为计量经济学软件包。它是专门为大型机构开发的时间序列软件包，用于处理时间序列数据。在金融经济的实证类毕业论文中，计量经济学是不可或缺的，我们通过应用计量经济学的方法设计模型、收集资料、估计模型、检验模型、应用模型（结构分析、经济预测、政策评价），从而更好地观察社会经济关系和经济活动的数量规律。EViews 的出现，使计量经济学取得了长足的进步，发展成为一门较为实用且严谨的经济学科。

EViews 操作可视化，简单易用，功能强大。在时间序列数据的分析上，EViews 凭借简单并且可视化的操作风格成为初学者的首选，甚至在复杂的模型中，EViews 也可与 MATLAB 和 Gauss 结合使用，以便更好地分析数据的基本特性。

## 7. STATA

STATA 是一款非常强大的统计分析软件，提供了数据管理、数据分析和数据可视化等功能。以下是一些关于 STATA 软件的基本介绍。

- 功能非常丰富，包括用于面板数据分析的固定效应模型和随机效应模型等，用于高级建模的广义线性模型 (GLM)、广义估计方程 (GEE) 等多种统计分析方法。

- 绘图功能强大，可用以绘制各种精美的统计图形，包括散点图、柱状图、饼图等。

- 具有数据管理功能，用户可以方便地进行数据清理、数据转换和数据筛选等工作；STATA 还支持多种数据格式，包括 XLS、CSV、SAS 等格式的数据文件，用户可以方便地导入和导出数据。

- 提供了多种命令和语法，用户可以通过编写命令和脚本，自动化地进行数据处理和统计分析等工作。

STATA 是一款功能强大、易学易用的统计分析软件，适用于各种领域和学科的数据分析工作。

## 8. SmartPLS

SmartPLS 是一款功能强大的偏最小二乘结构方程建模软件，它在管理学、市场营销、组织行为学和信息系统等领域应用广泛。使用 SmartPLS，用户可以创建好路径模型，根据数据可以很快生成路径系数；可以生成系统的数据报告，为将数据导出到 Excel.SmartPLS 提供了简单的图形用户界面。

SmartPLS 官网（www.smartpls.com）提供了试用版下载，试用期限为 30 天。

以下是一些质化研究常用软件的介绍。

## 1. NVivo

NVivo 是一款支持定性研究方法和混合研究方法的质性分析软件，能够有效分析多种不同类型数据，如文字、图片、录音、录像等，是实现质性研究的最佳工具。NVivo 可以帮助用户深入分析数据、提炼和萃取信息、建立理论模型并最终获得研究问题的结论。它支持节点和编码功能，以实现不同格式文件资料的提炼和萃取，还具有强大的搜索、查询和可视化功能，从而帮助用户更深入地分析数据。

NVivo 12 Plus 版本有新特性，可用于发现影响者和意见领袖，并使用社会网络分析研究信息流，同时可以查看谁在发推文并转发谁的推文。它还具有增强的数据可视化功能，可以可视化分析特定的中心人物如何与其他人联系，以及这些人如何通过以自我为中心的社会图相互联系。

## 2. MAXQDA

MAXQDA 是一款用于定性研究方法和混合研究方法的软件包，可以在 Windows 和 macOS 上提供相同的功能。它支持用户导入、组织、分析、可视化和发布所有可以通过电子方式收集的数据，包括采访、调查、PDF 文档、表格（Excel / SPSS）、参考文献资料、图片、视频、网页甚至是推文。MAXQDA 的数据容量很大，可以处理很多不同的文件类型。

MAXQDA 可用于多种领域，包括社会学、政治学、心理学、卫生、人类学、教育、营销、经济和城市规划等。

## 3. ATLAS.ti

ATLAS.ti 是一款功能强大的定性数据分析软件，广泛用于社会科学、商业和人文科学等领域。以下是 ATLAS.ti 软件的一些特点。

● 数据管理。ATLAS.ti 可以方便地导入和管理各种类型的数据，包括文本、图片、音频、视频等，支持多种软件（如 Word、PDF、

SPSS 等）的文件格式。

- 数据分析。ATLAS.ti 提供了一系列定性数据分析工具，包括主题分析、情境分析、聚类分析、内容分析等，帮助用户深入挖掘数据背后的信息和意义。

- 可视化功能。ATLAS.ti 具有强大的可视化功能，可以将数据转化为图形、图表等形式，清晰地呈现数据特征和关系，能帮助用户更好地理解和呈现分析结果。

- 灵活的编码功能。ATLAS.ti 支持多种编码方式，包括基于文本的开放式编码、基于图片的视觉编码、基于声音的音频编码等，能够满足用户不同的需求。

- 研究流程管理。ATLAS.ti 支持整个研究流程的管理，包括数据采集、数据清洗、数据编码、数据分析、结果呈现等环节，有助于用户更好地管理和组织分析过程。

# 政策工具分类框架：一种政策文本分析方法

政策文本是指因政策活动而产生的记录文献，包括国家或地区的各级权力或行政机关以文件形式颁布的法律、法规、部门规章等文献。这些文献既反映了政府或组织在某一领域的政策方向和目标，也提供了实施这些政策的指导原则和具体措施，是政策研究的重要工具和载体。

政策工具是为解决某一社会问题或达成一定的政策目标而采用的具体手段和方法。Howlett 和 Ramesh（2003）将其分为自愿型、强制型和混合型三大类[1]。Mc Donnell 和 Elmore（1987）则将政策工具分为命令型、激励型、劝诫型、能力建设型和系统变革型五大类[2]。Rothwell 和 Zegweld (1981) 将政策工具分为供给侧、需求侧和环境侧，通过维度的划分可以很好地揭示政策的结构及不同政策的作用范围（这是一个经典的政策分析框架）[3]。

现有的研究表明，政策主体受到供给侧和需求侧的共同影响，二者如同"推拉"一般相互作用。与此同时，环境侧则以间接的方式对政策主体产生影响。如果我们从工具性的角度对文本进行分析，可以更立体地理解政策及其优缺点，从而发挥其优势并弥补其不足。这将有助于政策的制订，以及调整和应用政策工具。当我们在研究中应用政策工具分类框架时，最关键的一步是构建出符合自身研究情境的政策工具分类框架。

[1] HOWLETT M, RAMESH M. Studying public policy: policy cycles and policy subsystems[M]. Boston: Oxford University Press,2003:87

[2] MCDONNELL L M, ELMORE R F. Getting the job done: alternative policy instruments[J]. Educational Evaluation and Policy Analysis. 1987（9）:133–152.

[3] ROTHWELL R, ZEGYELD W. Reindusdalization and technology[M].New York: Logman Group Limited, 1985: 100–115.

研究思路示例：政策工具视角下我国人工智能政策文本内容分析。

根据 Rothwell 和 Zegweld (1981) 的政策分析框架，结合人工智能政策文本的特点，可以制订以下研究思路。

（1）收集政策文本资料。需要收集与我国人工智能政策相关的文本资料，包括国家层面和地方层面的政策、法规、规划等。这些资料可以从政府官方网站、政策发布平台、相关行业协会等渠道获取。

（2）梳理政策文本内容。对收集到的政策文本资料进行梳理，了解我国人工智能政策的发展历程、现状及未来趋势。同时，需要分析不同政策文本之间的关联性和差异性，以及政策对不同利益相关者的影响。

（3）构建政策工具分类框架。根据 Rothwell 和 Zegweld (1981) 的政策分析框架，可以将政策工具分为供给侧、需求侧和环境侧三个类别。在此基础上，可以进一步细分为不同的子类别，例如财政政策、税收政策、产业政策、知识产权政策等。

（4）文本内容编码与归类。对我国人工智能政策文本内容进行编码和归类，将其中涉及的政策工具分类到供给侧、需求侧和环境侧的不同子类别中。需要注意的是，编码和归类过程需要保证客观性和准确性，避免主观偏见。

（5）数据分析与结论。利用编码和归类后的数据，对我国人工智能政策文本内容进行深入分析。可以计算不同政策工具在供给侧、需求侧和环境侧的使用频率、分布情况及变化趋势等，从而得出结论。

（6）结论解读与建议。根据数据分析结果，对我国的人工智能产业发展政策进行解读，并针对不足之处提出改进建议。同时，可以为未来的政策制订提供参考意见和建议，以推动我国人工智能产业健康发展。

推荐两篇文献，大家可以到学校图书馆数据库中检索获取并学习。

- 张晨芳 . 政策工具视角下的我国网络安全政策内容量化分析——基于 2015—2020 年的国家政策文本 [J]. 信息资源管理学报，2021(3):99-109,120.

- 孙岩，胡茗，张备 . 政策工具视角下上海生活垃圾分类政策文本量化 [J]. 资源科学 , 2021, 43(11): 2224-2235.

## 元分析：一种运用统计方法的系统性综述

元分析（Meta-Analysis）是一种在学术研究领域中广泛使用的统计方法，它的主要目的是对多个独立研究的结果进行综合评价和分析。元分析通过收集和分析同一研究主题下的多个研究结果，试图发现某些研究结果所共有的模式或趋势，从而得出更具普遍性和概括性的结论。元分析的起源可以追溯到 20 世纪 70 年代，当时这种方法开始在医学领域得到应用。现在，元分析已经在心理学、社会科学和其他领域得到了广泛应用。

元分析的过程包括以下步骤。

（1）确定研究主题。元分析的主题是相关的独立研究，这些研究的共同点在于它们都关注同一研究问题或假设。

（2）收集和筛选研究。根据主题，从文献中收集相关研究，并筛选出符合条件的研究。筛选标准可以包括研究的可靠性、有效性、研究设计、样本大小等。

（3）提取数据。从筛选出的每个研究中提取数据，包括样本大小、平均值、标准差、效应大小等。

（4）合并数据。将所有筛选出的研究的统计数据合并到一个数据集中，以便进行后续的统计分析。

（5）数据分析。使用适当的统计方法对合并后的数据进行元分析，例如，计算平均效应大小、标准差、置信区间等。

（6）解释结果。根据元分析的结果，解释各个研究之间的差异和一致性，并根据效应大小和置信区间得出结论。

元分析的主要功能包括以下几个方面。

- 对多个独立研究的结果进行综合评价。元分析可以将多个独立研究的结果整合到一个数据集中，并使用统计方法对其进行综合评价和分析。这有助于发现各个研究之间的差异和一致性，并得出更准确的结论。

- 量化研究结果的不确定性。元分析可以计算出合并后的数据的置信区间，这有助于评估各个独立研究结果的不确定性，并进一步评估元分析结果的可靠性和稳定性。

- 发现潜在的发表偏倚。元分析可以检测到潜在的发表偏倚，即某些研究结果可能因为某些原因更有可能被发表。通过发现发表偏倚，元分析可以帮助研究人员评估研究结果的真实性和可靠性。

- 评估研究的质量和研究设计。元分析可以对独立研究的质量和研究设计进行评估。这有助于确定哪些研究更有可能得出真实和可靠的结果，从而使研究人员能够更准确地评估研究结果。

总之，元分析是一种非常有用的统计方法，可以帮助研究人员对多个独立研究的结果进行综合评价和分析，并得出更具普遍性和概括性的结论。这种方法尤其适用于存在多个相互竞争的研究结果的情况，可以帮助研究人员更准确地评估结果的可靠性和稳定性。

## 生成式人工智能在科研工作中应用的"能"与"不能"

生成式人工智能是指一类基于深度学习的机器学习模型，可以通过学习大量数据来生成新的、与原始数据相似但并不完全相同的数据。这种数据生成的过程通常是通过给定一些初始条件（如噪声向量）作为输入，然后使用深度神经网络和概率模型来逐步生成新的数据。生成式人工智能的应用包括文本生成、图像生成、音频生成等。其中，文本生成可以用于自动写作、机器翻译等领域；图像生成可以用于艺术创作、图像修复等领域；音频生成可以用于音乐创作、语音合成等领域。

常见的生成式人工智能工具：文字生成的 ChatGPT、文心一言等，图像生成的 Midjourney、Stable Diffusion 等，科研相关的 Explainpaper（帮助阅读论文）、Elicit（帮助查找研究选题）等。

生成式人工智能的研究和应用涉及多个学科领域，包括计算机科学、数学、统计学、神经科学等。其研究内容包括模型架构、优化算法、概率模型、强化学习等。同时，生成式人工智能的应用也涉及伦理、隐私、安全等问题，需要颁布相关的法律法规来进行规范管理。

生成式人工智能在科研工作中的应用具有广泛的前景和潜力，但同时也存在一些限制和挑战。以下将从可以做什么和不可以做什么两个方面，对生成式人工智能在科研工作中的应用进行总结。

生成式人工智能在科研工作中能做什么？

● 编写程序和抓取数据。生成式人工智能可以通过编写程序来抓取网页、数据库和其他数据源，从而自动提取所需的数据。这可以帮助科研人员节省时间和精力，并提高数据收集的效率和准确性。

- 提高数据处理和分析效率。生成式人工智能工具可以自动进行数据分类、筛选、模式识别等操作，减少人工处理的时间和成本，提高数据处理的速度和精度。

- 辅助实验设计和预测。生成式人工智能可以通过模拟实验和优化算法，预测实验结果，帮助科研人员设计更有效的实验，减少实验次数和成本。

- 加快论文撰写和编辑。生成式人工智能可以自动生成论文初稿或部分内容，并提供编辑和校对建议，提高论文撰写和修改的效率。

- 促进跨学科研究。生成式人工智能可以打破学科壁垒，促进跨学科研究，帮助科研人员在不同领域进行探索和创新。

- 绘制图像。生成式人工智能可以帮助科研人员快速生成符合要求的图像，以便更好地展示研究结果。

- 辅助阅读功能。生成式人工智能可以为不同场景的用户提供阅读支持，支持语音交互和图片识别等先进技术，让用户能够以更多样化的方式获取信息。

- 语言检查和润色功能。生成式人工智能具有语言检查和润色功能，如同专业的语言编辑器一样，能帮助用户提升文本的质量。这个功能不仅能识别出文本中的语法错误和拼写错误，而且能自动调整句子的结构和流畅度，使文本更具吸引力。它支持多种语言，无论是英语、汉语还是其他语言，都能提供准确的语法、拼写检查和润色建议。

生成式人工智能在科研工作中不能做什么？

- 无法完全替代人类。虽然生成式人工智能在数据处理、论文撰写等方面具有很高的效率，但仍然无法替代人类的智慧和创造力。科研工作需要人类独特的思维和洞察力来推动领域的发展和创新。

- 存在算法偏见和数据质量问题。生成式人工智能可能会受到输入数据的偏见和误差的影响，导致预测结果不准确。因此，在使用生成式人工智能时，需要对其原理和局限性有清晰的认识，以确保其应用过程中的准确性和安全性。

- 无法完全模拟真实世界。生成式人工智能的预测结果是在模拟算法下得出的，可能与真实世界的实际情况存在偏差。因此，在实验设计和疾病诊断等方面，生成式人工智能的预测结果需要谨慎使用，并进行充分的实验来验证其准确性。

- 无法替代人类的交流和合作。科研工作是团队合作的过程，需要人类之间的交流和合作来共同解决问题并推动领域的发展。生成式人工智能虽然可以提供辅助与支持，但无法完全替代人类的交流和合作。

生成式人工智能在科研工作中具有广泛的应用前景，可以提高研究效率和成果质量。然而，科研人员在应用生成式人工智能时，需要注意其可能存在的限制和挑战，同时，也需要认识到人类的智慧和创造力在科研工作中的重要性，认识到生成式人工智能只是辅助工具，而不是人类智慧的替代品。

## 利用文献管理工具提高文献阅读效率

阅读文献是科研活动的重要组成部分，可以帮助研究者了解研究领域的全貌，选择合适的研究课题和方法，理解研究结果并撰写高质量的研究论文。

- 了解研究领域。通过阅读文献，可以了解研究领域的历史、现状和前沿，对所研究的领域有一个全面的认识和了解。这有助于确定研究的方向和目标，避免重复他人的工作。

- 选择研究课题。阅读文献有助于选择研究课题，形成研究假设。了解他人的研究结果和问题，可以启发新的研究思路，从而提出有价值的研究问题。

- 设计研究方法。阅读文献可以了解各种研究方法的特点和应用，选择合适的研究方法，并学习如何正确地使用它们。

- 理解研究结果。通过阅读文献，可以了解各种实验方法和数据分析方法的应用，从而更好地理解和解释自己的研究结果。

- 撰写研究论文。阅读文献可以帮助研究者学习如何撰写研究论文，包括论文的结构、语言和格式等，这有助于将自己的研究成果清晰地表达出来。

阅读文献时使用文献管理工具可以极大地提高阅读文献的效率，具体体现在以下方面。

- 简化文献整理流程。文献管理工具可以帮助研究者轻松地整理和组织文献，使其易于访问和引用。这有助于避免文献丢失、混乱或重复的情况。

- 方便文献引用。文献管理工具可以自动生成参考文献列表，避免手动查找和输入引用信息。这可以节省大量的时间和精力，同时确保引文格式的正确性。

- 辅助研究过程。文献管理工具可以帮助研究者跟踪阅读进度，记录想法和注释，以便更好地理解和分析文献内容。

- 提高研究效率。使用文献管理工具可以加速文献搜索和筛选过程，有利于快速找到所需文献，提高研究效率。

- 促进协作和共享。文献管理工具支持多用户同时使用，有助于团队协作和共享文献资源，方便共同开展研究。

常用的文献管理工具推荐如下（根据个人需要进行选择）。

- EndNote。EndNote 是一款文献管理和编辑软件，能帮助用户创建个人参考文献库，加入文本、图像、表格、方程式及链接等信息，并与 Microsoft Word 无缝链接，插入引用文献并按照格式进行编排。EndNote 还支持从 pubmed 上直接导入数据，同时还可以在它的官网查询各个期刊的参考文献格式的具体要求。

- NoteExpress。NoteExpress 是一款国产软件，是由北京爱琴海乐之技术有限公司开发的专业级别的文献检索与管理系统。其核心功能涵盖知识采集、管理、应用、挖掘等知识管理的所有环节。NoteExpress 既能实现对英文期刊文献的管理，也能很好地适用中文使用环境。

- Mendeley。Mendeley 是一款免费的文献管理工具（能从 WoS 中直接添加文献），支持文献分类存储，通过查找 PDF 全文定位文献，也支持在 PDF 文档中做标记和注释，以及在 Microsoft Word 中插入引用文献。

- Zotero。Zotero 是一款免费的文献管理工具，可以作为浏览器插件使用。它支持多平台使用，包括 Windows、macOS、Linux 和 Chrome 等。Zotero 可以自动抓取文献信息，也可以手动添加文献信息。此外，Zotero 还支持从其他参考文献管理软件导入文献，如 EndNote、Papers 和 Mendeley 等。Zotero 还具有强大的搜索功能，可以搜索 PDF 全文。

- Citavi。Citavi 是一款专业的文献管理软件（有免费版，一个 Project 最多可添加 100 篇文献），具有强大的文献编辑和引文功能。它支持多种引文格式，包括 APA、MLA、Chicago 等。此外，Citavi 还具有强大的搜索功能，可用于搜索数据库、网络和本地计算机中的文献信息。它还支持从其他参考文献管理软件导入文献，如 EndNote、Papers 和 Mendeley 等。

- CiteULike。CiteULike 是一款免费的文献管理工具（适合管理英文文献），可以用来收集和管理用户关注的文献。它支持从多个数据库导入文献，也支持用户手动添加文献信息。CiteULike 还具有多种引文格式，用户可以根据需要选择不同的引文格式。此外，CiteULike 还具有便捷的文献分享功能，用户可以将自己的文献分享给其他人。

- E-learning。E-learning 是知网推出的一款数字化学习与研究平台，旨在提供文献管理、阅读、分析、记录等功能。以下是关于 E-learning 文献管理工具的详细介绍。

◆ 文献管理。用户可以在 E-learning 中创建个人图书馆，可以从知网、万方等数据库导入文献。

◆ 阅读、分析文献。用户可以在 E-learning 中阅读文献，软件支持文献的批量下载。同时，它还提供了文献分析功能，可以帮助用户更好地理解文献的内容和结构。

◆ 记录功能。用户可以在 E-learning 中记录自己的想法和笔记，方便以后参考和使用。

# 英文学术论文写作语言检查神器: Grammarly 和 QuillBot

## 1. Grammarly

Grammarly（https://www.grammarly.com）是一款集英语语法检查、拼写检查、风格改善、抄袭检测等多功能于一体的工具，它能够在各种平台（如社交媒体、电子邮件、Microsoft Word 等）上对英文写作进行实时检查。全球已有超过 1 000 万用户使用 Grammarly 来提高英文写作质量，改进写作风格。

Grammarly 有免费和付费两个版本。

- 免费版本。对于英文写作的常见错误，免费版本可以进行基本的语法和拼写检查，帮助用户找出错误并修正。此外，它还可以调整语气，给出风格建议等。在抄袭检测方面，免费版本可以做到一定程度的查重。

- 付费版本。付费版本增加了更多高级功能，能进行更细致的文章检查，包括词汇改进建议，根据不同文本类型量身定制语言风格等。同时，它拥有强大的查重库，对于外包文章也能进行抄袭或拼凑的检查。

总的来说，Grammarly 是一款非常实用的英文写作辅助工具，无论是在日常生活还是工作中的英文写作，它都能提供有效的帮助。

## 2. QuillBot

QuillBot（https://quillbot.com）是一款功能强大的在线写作工具，它提供了免费和收费两种语言润色服务。下面分别介绍这两种服务。

- 免费语言润色功能。检查文章中的语法和拼写错误，并给出修正建议；自动润色文章（每篇文章不能超过 125 个单词），使其更流畅、更生动；它还可以根据文章的内容和风格，提供同义词建议和短语替换建议，使文章更具有表达力和可读性；免费提供文章评估，以评估文章的质量，给出评分和建议，帮助用户更好地了解自己文章的优缺点，从而进行改进。

- 收费语言润色功能。提供更高级的语言润色功能，包括复杂的语言表达方式、专业术语和高难度词汇的修正和替换建议；根据用户的写作需求和习惯，提供个性化的语言润色服务，使文章更符合用户需求；母语化润色，识别文章中的语言风格问题，并给出修正建议，帮助用户撰写具有专业化和本地化特征的文章。

QuillBot 提供的免费和收费两种语言润色服务，满足了不同用户的需求。免费版本提供了基本的功能，而收费版本则提供了更高级的个性化定制服务。用户可以根据自己的需求选择合适的版本来使用。

# 英文论文写作参考文献引用格式: APA 和 MLA[1]

APA 格式和 MLA 格式是英文论文写作中两种不同的参考文献引用格式，它们分别由美国心理学会（American Psychological Association, APA）和美国现代语言协会（Modern Language Association，MLA）制订，主要用于学术论文写作。

APA 格式是一种广泛使用的论文写作格式，其最新版本为第七版，详细规范了文章的页面、图表以及参考文献等各个方面的格式。APA 格式的文内文献引用格式为"（作者姓氏，发表年份）"，例如，（Smith, 2022）。如果作者的姓已经出现在文中，则在作者姓氏之后写上"（发表年份）"。以下列举期刊论文的著录格式，更多类型文献的著录格式请参考相关学术论文。

Davis, F. D., Bagozzi, R. P., & Warshaw, P. R. (1989). User acceptance of computer technology: A comparison of two theoretical models. *Management Science*, 35(8), 982-1003.

DeLone, W. H. a, & McLean, E. R. (2004). Measuring e-Commerce success: applying the DeLone and McLean information systems success model. *International Journal of Electronic Commerce*, 9(1), 31-47.

MLA 格式是美国现代语言协会制订的论文指导格式，多用于人文学科的期刊。相较于 APA 格式，MLA 格式在文内注的参考文献格式上有所不

---

[1] 英文论文参考文献格式还有 Chicago/Turabian 格式（适用于人文、自然科学）和 Harvard 格式（适用于自然科学、社会科学），感兴趣的同学请自行查找资料学习。

同，其基本格式为"（作者姓氏，文献页码）"。另外，MLA 格式在文末的参考文献目录格式方面也与 APA 格式存在较大差异。在 MLA 格式中，参考文献目录称为 Works Cited，并以姓（Family name）的字母顺序来排列。期刊类参考文献著录格式的具体结构：作者 ."文章名 ."期刊名 . 卷号或期数（发表年份）: 引文起止页码。示例如下。

Nwezeh, C.E. "The Comparative Approachto Modern African Literature." *Year book of General and Comparative Literature*. 28(1979): 22.

总的来说，APA 格式更注重整体论文的格式和规范性，包括页面格式、图表以及参考文献等各个方面；而 MLA 格式则更常用于人文学科，注重文献在具体篇章的引用和标注。

# 论文写作

科研新手的学术论文写作成长之路也是一条不断进阶之路，需要不断挑战自我、不断学习以提高自己的能力，只有这样才能成为真正的写作高手。

## 好论文真的有标准吗

求学阶段，我一直在寻找所谓好的论文，学习它们的研究方法、数据处理方法并模仿其写作。工作后，特别是担任同行评审后，才明白我所追寻的"好论文"是没有固定标准的。以英文论文为例，同行评审和主编都是义务劳动者，和作者没有任何利益冲突。一篇论文，在同行评审的机制下，只要评审建议接收，主编一般也会同意接收。但是，通过了同行评审的论文就是好论文吗？未必是这样的。大家应该看到过很多撤稿的相关报道，这些论文也是经过了同行评审的。

于是，我便产生了一些疑惑，是不是只要将论文写成"好论文"的模样，论文就能顺利地发表？论文不能顺利发表，是不是我自己不够努力，写得不够好呢？如果"好论文"是没有固定标准的，那"好论文"就是一个科研人员想象中的虚拟事物。我们从科研新手开始，就一直在寻找这个并不存在的虚拟事物，结果当然是找不到的。但是，经过这个"寻找"的过程，我们会明白，论文发表的过程其实就是一个论文反复修改的过程。

从定稿以后的提交，编辑部初步审查后的格式、字数、图表等的修改，到送审后同行评审反馈的一轮、两轮或者多轮修改意见后的修改，到最终录用，出版平台的排版等，就是一个不断修改的过程。即使是你自己觉得写得再好的论文，在同行评审过程中，也还是会收到不少修改意见。即便到了出版平台排版的阶段，你还是会收到几个甚至几十个 Queries（疑问）。

所以，我们不需要一开始就去寻求"好论文"的标准，而是尽自己最大的努力将论文写到自己的能力和知识范围内能做到的最高水平。然后提交，等待修改意见，处理完全部的修改意见（要么修改，要么说出令人信服的不修改理由），和同行评审斗智斗勇几轮后，论文要么录用要么退稿。退稿后，继续这个修改过程，直到最终录用和发表。

了解了这些，我们在经历这个过程时，就无须纠结、困惑、焦虑，因为论文发表就是这样的一个反复修改的过程，就像四季交替一样，你永远不能从冬天直接跳转到夏天，也不能从秋天直接跳转到春天，你只管按部就班地默默耕耘，其他的一切交给时间，静待花开！

## SSCI/SCI 论文写作的成长之路与奥特曼的进阶之路

写作 SSCI/SCI 论文时，大家都会面对各种困惑和挑战。但是，就像奥特曼打怪兽一样，通过不断的努力和学习，每个人都可以提高自己的写作能力和技巧，成为真正的写作高手。SSCI/SCI 论文写作的成长之路与奥特曼的进阶之路具有类似的特点和挑战，具体体现在以下方面。

- 克服困难。在 SSCI/SCI 论文写作的成长之路上，你会不断遇到各种困难和挑战，如研究问题提出、文献综述、研究方法选择、数据收集和分析、研究结果解释、参考文献引用等。就像奥特曼一样，需要不断战胜各种怪兽，才能不断前进。例如，在做研究时，你需要解决如何选择主题和提炼研究问题、如何设计研究、如何解释研究发现、如何撰写论文等问题。

- 掌握技巧。要成为优秀的 SSCI/SCI 论文写作者，需要掌握各种技巧，如文献综述、研究设计、数据分析、结果解释等。就像奥特曼一样，需要掌握基本的光线、能量等各种技能，才能战胜怪兽。例如，在文献综述时，你需要学会如何整理和分析相关领域的文献，以确定研究问题和设计研究方案。

- 持续学习。在 SSCI/SCI 论文写作的过程中需要不断学习和掌握新知识、新技能。就像奥特曼一样，需要不断掌握新技能以应对不断变化的敌人。例如，在学习新的数据分析方法 [ 如 SEM、FA、元分析、FSQCA(Fuzzy-set Qualitative Comparative Analysis) ] 时，你需要不断学习新的统计方法和工具，以便更好地分析和解释数据分析结果。

- 独立思考。在 SSCI/SCI 论文写作中，需要独立思考和判断，如确定研究问题、设计研究方案、选择数据收集方法等。就像奥特曼一样，需要独立思考和判断，找到敌人的弱点，只有这样才能战胜它。例如，在确定研究问题时，你需要独立思考，与现有研究相比，该研究的关键问题和方法是什么，然后据此设计出有效的研究方案。

- 坚持不懈。SSCI/SCI 论文写作是一项长期而艰巨的任务，需要坚持不懈，需要有耐心和毅力。就像奥特曼一样，需要不断战斗，才能最终战胜敌人。例如，在撰写论文的过程中，你需要花费大量的时间和精力查阅文献、梳理数据、分析结果、撰写文章、修改论文、答复同行评审意见等，这需要足够的耐心才能完成。

- 追求卓越。SSCI/SCI 论文写作者需要追求卓越和完美，不断挑战自我，不断提高自己的写作能力和水平。就像奥特曼一样，需要不断追求卓越和完美，才能成为真正的英雄。例如，在撰写和修改论文阶段，你需要不断追求文章的清晰性、准确性和可读性，从而提高文章的整体质量。

- 学会合作。在 SSCI/SCI 论文写作中，你需要与其他人合作。就像奥特曼一样，需要与其他超级英雄合作，共同对抗强大的敌人。例如，在合作研究时，你需要与合作者共同讨论研究计划、数据分析方法等，通力合作，共同完成论文的撰写和发表。

- 勇于面对失败。在 SSCI/SCI 论文写作中，很可能会遇到失败和挫折，你需要勇于面对并从中吸取经验教训。就像奥特曼一样，在战斗中会失败，但只要从中吸取经验教训，不断进步，就能够再次取得胜利。例如，在实验（数据分析）失败时，你需要分析失败的原因，并采取恰当的应对措施进行改进和优化，以获得更好的研究结果。

- 提升自我价值。通过不断学习和提高 SSCI/SCI 论文写作能力，可以提高自己的学术水平，为课题申请、未来的学术研究和职业发展打下坚实基础。就像奥特曼一样，通过不断战斗和挑战自我，提升自己的能力和水平，成为更强大的英雄。例如，通过发表高水平的论文，你可以获得更多的学术成就和个人荣誉，从而提高自己的学术影响力和价值。

- 为社会做贡献。SSCI/SCI 论文写作者通过自己的努力，为科学进步和社会发展做出贡献。就像奥特曼一样，通过一次次战斗，来保护地球和人类的安全。

## 量化研究类论文的写作要点

量化研究类论文写作要点总结如下。

● 引言。在量化研究类论文的引言部分，需要明确阐述研究的问题、研究的背景和意义、研究的目标和方法等。同时，要引述相关文献，说明前人研究的基础和不足之处，进而提出本论文的研究重点和突破口。

● 文献综述。文献综述是量化研究类论文的重要组成部分，需要对相关研究进行全面的回顾和分析。在文献综述中，要阐述研究的理论基础和研究方法，并对前人研究进行评述，指出其优点和不足之处，为后续研究提供参考。

● 研究方法。在量化研究类论文中，研究方法是非常重要的一部分，需要详细介绍所采用的数据来源、数据处理方法、模型构建和参数估计等。同时，要说明研究方法的理论基础和适用范围，以便读者能够对该研究方法进行评估。

● 实证分析。实证分析是量化研究类论文的核心部分，需要对所研究的问题进行深入分析和探讨。在进行实证分析时，需要运用所选择的研究方法对数据进行分析和处理，并对分析结果进行详细的解释和讨论。

● 结果与讨论。在量化研究类论文的结果与讨论部分，在呈现实证分析的结果并对其进行解释和讨论的同时，还要对前人研究进行比较和分析，说明本研究与前人研究的异同之处和所做的贡献。此外，还需要对研究结果的稳定性和适用范围进行讨论。

- 结论。在量化研究类论文的结论部分，需要总结研究的主要发现和结论，并对研究的意义和价值进行阐述。同时，还需要指出研究的局限性和不足之处，并对未来的研究方向进行展望。

- 参考文献。参考文献是量化研究类论文中不可或缺的一部分。在参考文献中，需要列出本研究所引用的文献，以便读者对该领域的研究进行更深入的了解。

总之，量化研究类论文需要具备科学性、客观性和可重复性等特点，同时要注重文献综述和实证分析部分的撰写。在撰写论文时，需要遵循论文写作的基本规范和格式要求，并对论文进行多次修改和完善，以保证论文的质量和水平。

## 文献综述类论文的作用和写作经验

文献综述（Literature Review）是研究人员在确定研究主题后，搜集大量相关资料，然后通过阅读、分析、归纳，整理该研究主题的最新进展、学术见解或建议，对其做出综合性介绍和阐述的一种学术论文。

文献综述类论文的主要作用如下。

- 全面展现研究领域。文献综述能够帮助研究者全面了解该领域的历史、现状、争论点及其发展趋势，为研究选题的确定提供背景和依据。

- 助推研究问题的确定。通过对文献的梳理和分析，可以发现已有研究的不足和空白，进而确定具有研究价值的问题。

- 引导研究思路。文献综述不仅提供了对现有研究的综合评价，还展示了研究者对领域发展的理解和预见，为研究设计提供启发和思路。

- 提供方法指导。文献综述可以帮助科研人员了解各种研究方法的特点及其应用，为研究选择合适的研究方法提供指导。

- 增强研究可信度。通过文献综述，研究者可以充分了解已有研究的成果和不足，从而在研究中避免重复劳动，提高研究的可信度。

- 促进学术交流。文献综述可以有效地展示研究者对研究领域的深入了解和独特见解，有利于与其他研究者进行学术交流和合作。

- 辅助论文写作。在论文写作过程中，文献综述可以为研究工作的开展提供有力的文献支撑，有助于研究者阐述研究背景、研究目的和研究方法等。

- 激发创新思维。通过对不同研究的比较和分析，研究者能更好地激发创新思维，提出新的研究视角和假设。

- 提升研究水平。通过文献综述，研究者可以学习他人的优秀研究成果和方法，不断提升自己的研究水平。

- 推动学科发展。文献综述可以展示某一领域的研究前沿和发展趋势，为学科的进一步发展提供指导和推动力。

文献检索的方法参见"研究生必读：如何检索文献"。

文献检索范围的确定：

- 揭示研究趋势类的文献综述的时间跨度要 5 ～ 10 年；

- 展示研究热点类的文献综述通常选择近几年；

- 选择某个主题 CSSCI 来源期刊论文综述；

- 选择某个主题 SSCI 来源期刊论文综述；

- 选择某个学科全部的 CSSCI 来源期刊论文，分析某一年的研究热点与动态等。

关于文献综述类论文的写作经验总结如下。

- 明确写作目的与范围。在开始撰写文献综述类论文之前，需要明确研究目的和范围。这有助于选择相关文献（特别需要注意，经典的文献和近几年的文献不能遗漏）、梳理研究现状，为后续写作奠定基础。

- 了解文献综述类论文的基本结构。文献综述应包括引言、研究方法与数据来源、研究结果和讨论、结论等部分。各部分的作用明确，有助于作者在撰写过程中保持清晰的逻辑。

- 全面分析文献中的研究现状。在文献综述中，需要对所研究领域的研究现状进行全面回顾和分析。这包括对各类研究方法、研究主题及所存在的不足进行深入探讨，以便更好地理解研究现状和发展趋势。

- 总结前人研究的成果和不足。在分析文献的过程中，要总结前人研究的成果和不足，并指出研究中存在的空白之处和需要进一步探讨的问题，为后续研究提供参考。

- 提出未来研究方向和创新点。在总结前人研究的基础上，文献综述应为后续研究提供具有指导意义的方向和创新点。这是文献综述的重要贡献，有助于推动该领域的发展。

## 怎样才能让摘要充分体现论文的亮点

摘要通常位于论文的开头部分，用以简明扼要地概述论文的主要内容，即简要介绍论文的主题、研究目的、研究方法、主要结果和结论等。摘要的主要目的是让读者快速了解论文的核心信息，为读者判断是否进一步阅读全文提供便利。为充分体现论文的亮点，摘要需要具备以下几个特点。

- 简洁明了。摘要作为论文的简要概述，应该用简洁明了的语言表达论文的主要内容。摘要应该让读者迅速了解论文的核心观点和研究结论，避免使用过于复杂或专业的术语，避免让读者增添困惑。有些期刊平台对摘要有具体的字数要求（有些英文期刊要求摘要不超过 200 字）。

- 突出亮点。摘要需突出论文的亮点或创新点，可以是重要的发现、独特的视角、创新的方法或实际的应用等。通过强调这些亮点或创新点，可以吸引读者的注意力，提高论文的吸引力（这是写摘要的关键）。

- 具体明确。摘要中的表述应该具体明确，避免使用模糊或含混的词汇。例如，不要使用"一定程度上""某些方面"等模糊表述，而应该使用具体的数据和实例。具体明确的表述能够增强论文的说服力，帮助读者更好地理解论文的观点。

- 结构清晰。摘要应该按照明确的逻辑结构进行组织，包括研究背景、研究问题（研究目的）、研究方法、研究结果、理论与实践启示等部分。每部分应该简明扼要地阐述相应内容，使读者能够迅速了解论文的核心信息。摘要通常有两种结构，一种是段落形式，另一种是结构式。不管是哪种形式的摘要，本质上需要展示的信息差不多，目的也基本一样，即准确地介绍自己的论文的核心内容。

- 使用关键词。在摘要中适当地使用关键词，这些关键词应该是与论文主题相关的，并且要有助于论文在学术数据库中能被有效地检索到。关键词可以使论文更易被搜索引擎发现，以提高论文的可见性和引用率 [ 切忌使用虚词（没有检索意义的词），例如趋势、热点等 ]。

- 语言规范。摘要应该遵循语言规范，包括语法、拼写、标点等。要避免出现语法错误和错别字等，否则会影响论文的专业性和可信度。

- 校对和修改。在提交论文之前，要对摘要进行仔细的校对和修改。检查语法、拼写和标点等方面的错误，确保摘要的语言表达准确无误。同时，也可以请同行或专业人士对摘要进行审查和修改，以进一步提高其质量和准确性。

要让论文的摘要部分充分体现论文的亮点，需要做到简洁明了、突出亮点、具体明确、结构清晰、使用关键词、遵循语言规范以及仔细校对和修改。通过这些方法，可以让摘要更加精准、生动有力，吸引读者的注意力，提高论文的可见性和引用率。

## 论文的参考文献著录格式你写对了吗

科研新手通常会对参考文献的著录感到陌生，很多同学都是参考别人论文中的参考文献著录格式，或者是通过知网直接导出。这样做，参考文献部分或多或少都会有点问题。

这里不建议直接参考别人论文中的参考文献格式，因为不同期刊可能有自己特别的要求。从知网直接导出的参考文献著录格式和国家标准类似，但也有一些细节上的问题。例如：知网中导出的参考文献，第 7 期被录为（07），这与国家标准是不一致的；直接导出的参考文献会出现格式不统一的问题，有的文献会有卷，有的文献则没有卷。

参考文献虽然不是论文的核心内容，但是细节体现态度。特别是学位论文，涉及数十、数百条参考文献。如果著录格式不规范，论文盲审和论文抽查时会给评审专家留下不严谨的印象。特别是经过了预答辩、答辩环节后的毕业论文，如果还出现参考文献著录格式的问题，是非常不应该的。

参考文献著录格式的国家标准有《信息与文献　参考文献著录规则》（GB/T 7714—2015）等。所以，不管是小论文还是学位论文，建议大家参考国家标准来著录参考文献。在将论文提交给导师之前，最好仔细检查参考文献的著录格式是否规范，是否缺少页码、卷、期等信息，参考文献著录格式是否一致等问题。

常见的参考文献主要有专著、专利文献、电子资料、学位论文等。相关的著录规则请自行查找《信息与文献　参考文献著录规则》（GB/T 7714—2015）进行学习。

此外，目前有许多的文献管理工具（参考"利用文献管理工具提高文献阅读效率"），可以辅助作者自动生成不同格式的参考文献，生成方法请自行学习。需要注意的是，自动生成的参考文献列表（包括知网自动导出的）或多或少会有点问题，因此建议人工检查一下自动生成的参考文献列表，查漏补缺。

# SSCI/SCI 论文的引言（Introduction）写作技巧

引言位于 SSCI/SCI 论文的最前面，其作用是告诉读者该项研究的背景是什么，研究主题是什么，现有研究都做了什么工作，该项研究的创新性和重要性体现在哪些方面，可以对读者有什么启发或对某个领域产生怎样的影响等。

为 SSCI/SCI 论文写一篇强有力的引言是一项具有挑战性的任务。以下的写作技巧可以帮助你写好引言，帮助读者阅读并理解该项研究的重要性。

- 引导读者。通常先介绍研究背景，界定基本概念，再引出研究主题，简明扼要地介绍这个研究主题下现有研究都做了哪些工作（与文献综述部分不同，这里仅进行概览式的介绍）、有何局限，引出该项研究聚焦的内容，以帮助读者理解研究背景和研究的重要性。

- 陈述研究问题。研究问题是开展研究和撰写论文的关键，引领研究和论文写作。这里需要清楚地确定该项研究正在尝试解决的研究问题。量化研究通常会有 2 ~ 3 个具体的研究问题，质化研究则不一定提出明确的研究问题。

- 证明这项研究的合理性。证明该项研究为什么重要，以及它对该领域的贡献。强调该项研究的重要性以及它是如何影响该研究领域的。

- 陈述研究目标。阐明该项研究的研究目标，即你希望达到的研究目标，研究目标应该是具体而明确的。这部分和研究问题的关系非常紧密，通常是通过提出具体的研究问题来明确自己的研究目标。

- 概述新理论或新方法。描述用来回答研究问题和实现研究目标的新理论或新方法（即体现其创新性），注意使用简明扼要的语言，并适当引用经典和最新的文献。

- 结束引言。引言的结束部分，通常是简要总结这部分的内容，明确现有研究的缺点与不足，重申该项研究的研究目标、意义和价值。结束引言的示例："综上所述，本研究旨在探讨问题 X 在领域 Y 中的影响及解决策略。通过对前人研究的综述和分析，我们发现当前研究主要集中在问题 X 的某一方面，但仍存在诸多不足之处。因此，本研究将进一步完善问题 X 在领域 Y 中的研究体系，并为实践提供指导性建议。"

- 遵循期刊的要求。有时，还需要遵守所要投稿的期刊的指导方针，确保引言格式正确，并符合期刊的要求。

- 修改和校对。写完引言部分后，要多次修改并校对，避免语法、拼写和标点错误，确保引言清晰、简洁，没有写作错误。

需要注意的是，引言虽然位于论文的最前面，但写论文时，它有可能不是最先写的，它的撰写是一个与论文其他部分同步进行的过程，边写边修改，直至做到简洁且完善。此外，这部分涉及的研究问题的提炼、现有研究的系统梳理、研究意义与价值的阐述等，有时需要完成了论文后面部分的写作后才能更好地总结。

# SSCI/SCI 论文的文献综述（Literature Review）写作技巧

文献综述是科研工作者开展研究工作的逻辑起点，也是科研新手寻找研究兴趣的有效途径。在撰写 SSCI/SCI 论文的文献综述部分时，通常需要根据研究问题来选择文献，分主题（或理论）系统地综述该主题（或理论）的起源、研究现状、现有研究的局限性等，并针对现有研究的局限性提出自己的研究目标。量化研究还要提出自己的工作定义（Working Definition）和具体的测量指标（占整篇论文的 15% ～ 30%）。以下是根据本人的研究和同行评审经历，总结的文献综述部分的写作技巧。

● 覆盖相关文献。确保文献综述涵盖该研究领域或子领域主要的文献，包括经典文献和最新文献。

● 总结回顾每篇文献。通常需要分主题对每一篇文献（有时相似的文献可以一起梳理）做一个简短的总结，包括研究目的、使用方法、主要发现和结论。

● 分析现有研究的空白（Gap）。除了对现有研究进行总结外，还应该对其进行比较和分析。在相关文献中寻找研究的模式、趋势和空白，以帮助定位自己的研究，提出研究问题。

● 对现有研究进行评论。进行文献综述时，还需要运用批判性思维，指出它们的优点和缺点，帮助读者系统而清晰地理解现有研究。

● 讨论你的研究问题。文献综述的作用之一是为后续研究的定位提供支持。在文献综述的背景下讨论你的研究问题，可以令人信服地展示研究问题如何填补某个领域研究中的空白或丰富现有知识。

● 避免剽窃。写文献综述时需要注意避免剽窃，可以通过适当地引用、转述和总结所回顾的文献来避免。

● 文字表述清晰。文献综述部分同样要求文字表述清晰、简洁，避免过多地使用行话和技术语言（不可避免时需要给出相应的解释），以帮助读者理解你所要表达的意思。

● 注意文献综述部分的结构。按照某种逻辑来组织文献综述部分时，通常需要使用小标题来表述文献综述的主题或子主题，以提高文献综述的可读性，方便读者理解。

● 检查综述是否有偏见。检查文献综述部分的写作是否有偏见，例如对某项研究的评价是否客观、合理。

需要注意的是，有些 SCI 期刊不要求有独立的文献综述部分，这时候可以考虑将文献综述放到引言部分中合适的地方。

# SSCI/SCI 论文的方法论（Methodology）写作技巧

方法论需要清晰地介绍开展这项研究的研究思路，例如：研究是怎么设计的？收集数据所运用的具体方法是什么（包括抽样方法，样本的代表性保证措施等）？采用什么技术来开展数据分析？

以下是根据本人的研究和同行评审经历，总结的 SSCI/SCI 论文方法论部分的写作技巧。

● 回顾研究问题或目标。在方法论的开头首先需回顾研究问题或目标，以确定该研究的研究方法和数据来源。

● 详细描述所选择的研究方法及理由。社会科学的研究范式通常包括实证主义、诠释主义、批判社会学等，具体的研究方法包括观察、访谈、调查、实验、案例研究等。在开展某一项研究时，通常需要根据研究人员的学术主张、研究类型、研究问题的复杂性选择适合的研究方法，并详细描述为什么选择这种（些）研究方法。

● 描述数据收集过程和分析方法。详细地描述数据收集的过程和数据分析的方法，包括如何收集数据、如何预处理数据、如何分析数据、如何保障数据的质量等。

● 说明研究方法（抽样方法）的局限性。任何研究方法（包括数据抽样方法）都有自己的局限性，例如，问卷调查时采用方便抽样方法，就会存在样本代表性不够好的问题。在方法论部分，需要说明研究方法可能存在的局限性，该研究采用了什么措施来弥补该局限性，例如，方便抽样的代表性不够好，可以有意识地要求具有代表性的研究对象参与调查等。

- 合理地使用专业术语和缩写。在这部分使用专业术语和缩写来描述方法和设备时，需要注意在首次使用时务必对其进行简要介绍，以便读者更容易理解这部分的内容。

- 描述实验控制和变量。运用实验法来收集数据的研究，还应该详细地描述实验设计、实验过程和设备，并描述实验过程的控制及其相关变量。

- 提供充分的参考文献。在方法论部分，还应该提供充分的参考文献和引用，以便读者更好地了解新研究方法论（例如，扎根理论、解释现象学）、新研究方法、新数据分析技术的背景知识。

- 检查语法和拼写。和其他部分的写作一样，方法论部分写作完成后，也应该注意检查语法和拼写，以提高文章的可读性。

# SSCI/SCI 论文的研究结果（Results）写作技巧

研究结果是我们通过特定的研究手段（即方法论部分所介绍的）收集并分析数据后得到的关键发现。这些结果需要有逻辑性地进行排列，不能夹杂任何偏见或个人的主观意见。这样，读者可以清晰地了解我们的研究结果，并为后续阅读含有我们观点和评价的讨论（Discussion）部分做好准备。应当将研究结果以易于理解的方式表述出来，以帮助读者更好地理解我们的研究问题及其重要性。以下是根据本人的研究和同行评审经历，总结的 SSCI/SCI 论文研究结果部分的写作技巧。

● 回顾研究问题和目的。在开始撰写研究结果部分之前，通常需要再次阐述研究问题和目的，以便读者能够将注意力集中在你的研究结果上。

● 总结主要的研究发现。为讨论部分选择讨论主题做铺垫，方便读者更好地理解论文各部分的逻辑关系。

● 报告研究对象的样本特征信息。例如，可以使用表格总结问卷调查对象的人口统计学特征等。

● 按照逻辑顺序报告研究结果。通常可以按照研究问题的顺序，系统性地描述主要发现，并突出显示最相关的研究结果。次要结果有量化研究中的共同方法偏差（Common Method Bias，CMB）诊断、自变量之间共线性问题诊断（VIF 方差膨胀因子）、控制变量影响等。

● 写作具体且简洁。这部分的写作要清晰简洁地客观描述你的结果，避免过多地使用行话或技术术语（不可避免时需要做好解释），还可以使用小标题来有效地组织研究结果部分的写作。

- 避免使用形容词。实事求是，使用客观的语言来描述你的结果，避免使用可能传达情感或意见的形容词。

- 尽可能地量化研究结果。如果可能，提供支持你研究结果的数据，这将使你的研究结果更令人信服。

- 报告任何意外的研究结果。如果你遇到任何意外结果，请保持透明并诚实地报告它们，这些结果可能是其他研究人员开展新研究的起点。

- 避免夸大其词。避免为了适应某种叙述或结论而夸大其词，尽可能报告原始数据，让读者自己得出结论。

- 重复测试研究方法。一些具备条件的实验研究，还应该重复实验，测试研究方法，确保研究方法可靠且可重复。

- 提供可视化辅助工具。使用图表、表格或其他可视化辅助工具来支持结果，帮助读者更好地理解和比较数据。

- 编辑和校对。和其他部分一样，在完成研究结果部分的写作后，要仔细编辑和校对稿件，避免语法、拼写和格式错误。这些细节很重要，可能会影响同行评审对论文的整体印象。

# 英文论文的讨论（Discussion）部分结构化写作五步法

讨论部分的重点在于对研究结果的解释和推断，并说明作者的结果是否支持或反对某种观点、是否提出了新的问题或观点等。讨论部分的核心内容是论文的亮点（Highlights），讨论的深度和广度是作者学术水平和阅历的反映，是论文能否成功吸引读者、审稿人、主编注意的非常重要的一部分。因此，撰写讨论部分时要做到直接、明了、易懂，以便主编、审稿人和读者了解该研究的贡献所在。

我在读文献和资料时，看到了英国基尔大学心理学学院詹姆斯·哈特利（James Hartley）教授在 2008 年提出的讨论部分结构化写作五步法，跟大家分享如下。

（1）重述结论和成果。

（2）对比自己的研究结果与前人的研究结果，判断是否一致，是支持现有研究的结果还是自己的研究结果更进步（结合文献）。

（3）列出该研究可能存在的局限性。

（4）提出局限性可能的解决方案。

（5）对于此试验（研究）进行条件变更，提出新的问题，并建议进一步研究。

在写作实践中，这5个步骤是否都放在讨论部分，不同的作者有不同的偏好，但总体而言，这些内容常见于论文的"Discussion""Implications""Conclusion and Future works"部分。

此外，跟大家分享某出版集团的一本 SSCI 期刊关于量化研究类 SSCI 论文讨论部分的同行评审审稿标准：

Is the relation between any empirical findings and previous work discussed? Does the paper present a robust and coherent argument? To what extent does the paper engage critically with the literature and findings? Are theoretical concepts articulated well and used appropriately? Do the conclusions adequately tie together the other elements of the paper?

（大致意思：这篇论文是否讨论了任何实证发现与以前的工作之间的关系？是否提出了一个有力且连贯的论点？在多大程度上与现有研究和发现进行了批判性的讨论？理论概念是否能很好地表达和恰当地使用？结论是否充分地将论文的其他要素联系在一起？）

## 怎样写投稿信（Cover Letter）才能成功吸引主编的注意

投稿信是论文投递时与论文一起发送给编辑的信件，其目的是让编辑在阅读论文之前，简单了解文章的基本情况。投稿信主要包括文章基本信息和所投类型［普通（Regular Paper）或特刊（Special Issue）］、免责说明（承诺论文是未发表过的原创投稿等）、推荐的审稿人名单及理由（有些期刊在投稿时有填写推荐审稿人环节）、落款等。

要成功吸引 SSCI 期刊主编的注意，需要准备一封针对期刊特点和主编个人背景的有吸引力的投稿信。写作技巧如下。

● 研究期刊和主编。在写投稿信之前，需要了解期刊的特点和主编的个人背景。了解期刊的投稿要求和主编的学术兴趣，这将使你的投稿信更具有针对性和吸引力。

● 突出研究工作亮点。在投稿信中，需要突出研究工作亮点和价值，强调你的研究工作对当前研究领域的贡献，以及该研究对实践或政策的影响。通过突出这些亮点，可以吸引主编的注意，并提高论文被接收的概率。

● 简明扼要。投稿信应该简明扼要，突出重点。在有限的篇幅内，用简洁明了的语言展示研究工作。避免使用复杂的词汇或表达方式，帮助主编快速理解你的意思。

● 表达对主编的尊重和感激。在投稿信中，应该表达对主编的尊重，对主编愿意审阅你的稿件表示感激，这将有助于主编对你的研究产生好感。

- 自信而不自大。在投稿信中，你应该表现出自信和决心，展示你对研究工作的热情和信心，让主编感受到你的研究价值。同时，不要过于自大或夸张，否则可能会让主编对你的研究产生怀疑甚至反感。

- 强调研究意义。在投稿信中，要强调你的研究的意义和实际应用价值。通过阐述你的研究对当前领域的贡献和实际应用前景，可以吸引主编的注意，从而增加论文被接收的机会。

投稿信撰写时常见的几个误区。

- 论文细节内容介绍太多。投稿信的目的是节省主编的时间，而不是用大篇幅的文字来吹嘘自己的研究成果，浪费主编的时间。所以，投稿信应该直接明了，用精练的话点出文章的核心特点即可。

- 整篇投稿信字数过多。一般来说，投稿信的字数应控制在 800 字左右（一页 A4 纸），不宜写太多。

- 没有对具体期刊或具体文章内容进行针对性撰写。即使投稿的论文内容是一致的，投稿信也需要针对不同的期刊或文章进行个性化撰写，以突出论文的亮点与期刊的契合度。

- 格式不符合期刊要求。例如，在写论文修改稿的投稿信时，要在信的开头列出论文的编号和题目。

## 研究生同学请提交作品而非作业

研究生学位论文和小论文的主要区别在研究目的、内容和要求上。

- 研究目的方面。小论文通常是针对某一具体研究问题而撰写的，其目的是对这一问题的表面现象和特点进行深入分析和探讨，要求简明扼要地论述问题，并以事实和数据为支撑，提供问题的相关信息。相比之下，学位论文则是为了申请学位而撰写的，要求对某一研究领域的理论进行深入探讨，揭示问题的内在规律。

- 内容方面。小论文通常只涉及一个具体的研究问题，而学位论文则涉及一个研究领域的多个方面。因此，学位论文通常比小论文更加厚重和复杂。

- 要求方面。小论文论述需要简明扼要，以事实和数据为支撑；而学位论文则要求论述具有创新性，能引起同行对研究问题的关注。也就是说，学位论文不仅要求研究生有扎实的基础知识和基本技能，还要求具备较高的研究能力和学术素养。

在指导和培养研究生的过程中，我审阅过不少研究生的课程论文，也审阅过自己研究生的小论文、毕业论文初稿、修改稿。有态度非常认真，除内容外，形式方面完全不用担心的；也见过交上来的论文在格式、文字、参考文献等外在形式上存在较多问题的。内容方面的问题是可以原谅的，毕竟研究生培养是一个系统的训练过程；而外在形式方面的问题则反映研究生对待论文的态度问题。友情提醒，研究生同学要像对待作品一样对待自己提交给老师的论文（这里主要是指学位论文），应该精益求精，尽自己最大的努力做到最好，而非完成作业式的提交，这样才是对自己负责的表现。

常见的格式方面的问题主要有以下几点。

- 基本排版方面的问题。几乎没有排版，标题没有加粗、没有使用与正文不同的字号，行距是默认的单倍行距，段落间没有对齐，有时甚至会出现正文内字号不一致的问题。

- 参考文献著录格式问题。参考文献的著录是有国家标准的，详见"论文的参考文献著录格式你写对了吗"。

- 图和表没有标题，或正文中没有"见图 ×""如表 × 所示"字样，图、表和正文之间没有建立联系，图表处于游离的状态。

- 论文的标号体系混乱。一、（一）、1 和 1、1.1、1.1.1 标号体系混用。

- 图表引用问题。引用别人的图表，没有在图表下方标注资料来源，甚至有截取别人论文中或者网页上的某些理论的图片的情况。正确做法应该是自己画图和制作表格，并在图表下方标注资料来源。

- 正文中参考文献的标引问题。有些同学使用的是尾注，而非文后参考文献。这可能有学科差异，有些学科喜欢使用尾注，有些学科使用文后参考文献，需要具体问题具体分析。

- 英文缩略词的使用问题。在一篇论文中第一次使用英文缩略词时，需要写英文全称和中文全称，这样读者才能明白你论文中使用的缩略词是什么意思。

- 表格跨页问题。有时候表格可能在一页上排不下，出现跨页的问题，这时要在第二页重复表头，注明"续表"。

- 参考文献不完整的问题。缺少卷、期或页码，以及期刊名称缩写等问题。

- 附录的使用问题。当研究采用了访谈、调查、案例研究方法时，可以将访谈大纲、调查问卷或者完整的案例资料作为附录放到学位论文的后面（英文论文通常是这样做，而中文论文则比较少见）。

## 研究生必看：学位论文初稿提交给导师前的十大注意事项

学位论文初稿提交给导师前，请检查以下十大注意事项。

- 学位论文初稿不完整（也常见于小论文）。导师在收到不完整的学位论文初稿后，会担心学生是否能按时完成论文。我收到的毕业论文基本上都是完整的，即使有个别地方没完成，学生通常也会说明，但是小论文却收到过不少不完整的。建议研究生同学尽量将论文写完再发给导师看，中间遇到问题可以与导师交流。实在有困难、不能提交完整稿件的，建议在提交的同时附带说明。

- 格式没有调整好。这种情况比较常见，学生的理由是想要在定稿后再统一排版和调整格式。导师在审阅这些论文时，看起来会比较费劲，毕竟格式规范的论文读起来会舒服很多。其实，写作者在写的时候，调整好格式，思路也会顺畅一些。如果自己看了都觉得不太舒服的初稿，建议还是调整好格式后再发给导师。

- 缺少承上启下段落。这种情况也是比较常见的，甚至在预答辩和正式答辩时都还能看到。写论文好比讲故事，故事是否吸引人，关键在于内在逻辑。这通常由篇章结构来体现，而篇章之间的过渡段是非常有必要的。这是一个常常被忽略的问题，建议研究生同学加以重视。

- 摘要部分。摘要是同行评审最先看到的部分，学位论文的摘要通常都是长摘要（报道性的摘要），需要介绍研究背景、研究设计、数据分析、研究结论、提出的建议等内容。因此要尽量做到让读者通过摘要就能理解你的研究过程和研究发现，快速了解论文的大致内容。

- 内容部分的问题。学位论文的书写风格、篇章结构可能有学科上的差异。到了写学位论文初稿阶段，经过了开题以及和导师的反复交流，篇章结构通常不会有大问题。问题可能会出现在具体的内容上。例如，内容是否完整、内容的逻辑顺序是否合理、内容的表述是否准确、内容是否有理有据、内容是否围绕研究的主题展开等。这些问题都是可以在将论文提交给导师之前自我检查的。

- 附录部分的问题。对于人文社科的研究生来说，通常会采用调查、访谈等研究方法，建议将调查问卷、访谈大纲、实验设计等文档作为附录放到毕业论文的后面，为同行评审（读者）提供更多的信息，以便他们更好地理解你的研究。

- 目录部分的问题。如果论文的图表比较多，建议做一个图表目录，且图和表分开。

- 图表不美观。学位论文的撰写时间比较紧，有些开始比较晚的同学，仅仅完成第一稿，就要匆忙送审了。为了能让同行评审见到最好水平的学位论文，建议在完成初稿时注意图表的美观度。实在来不及，可以跟导师说明自己在导师审阅期间会调整图表。

- 学术规范问题。有些学位论文初稿会引用一些图片，但不可以直接截取别人的图片（正确做法是自己画图并备注资料来源）。此外，还会有引用的规范问题等。

- 参考文献不规范。对参考文献的著录问题，不同学校或学科间会有差异，可以参考已经毕业的学长、学姐的学位论文。这里建议参考《信息与文献　参考文献著录规则》（GB/T 7714—2015）。

# 论文发表

论文发表与学位获取、奖学金评定等密切相关，可以说论文发表是研究生阶段的"硬通货"。发表一定数量的高质量学术论文是研究生学术训练和能力提升的重要标志，也是在学术界和业界获得更好发展的必要条件。

# SSCI/SCI/A&HCI/CSSCI/CSCD 都搞清楚了吗

对于科研新手来说，可能会经常听到老师、师兄、师姐提到 SSCI/SCI/
A&HCI/CSSCI/CSCD 等。那么，你知道 SSCI/SCI/A&HCI/CSSCI/
CSCD 等分别是指什么吗？

- SCI: 美国《科学引文索引》（Science Citation Index, SCI）。
  1957 年由美国科学信息研究所（Institute for Scientific Information,
  ISI）在美国费城创办。SCI 创办人为尤金·加菲尔德（Eugene
  Garfield）。

- SSCI: 美国《社会科学引文索引》（Social Sciences Citation
  Index, SSCI），亦由美国科学信息研究所创办。

- A&HCI: 美国《艺术与人文引文索引》（Arts & Humanities
  Citation Index, A&HCI），它与 SCI、SSCI 一起构成美国科学信
  息研究所的三大核心数据库。

- CSSCI：南京大学的"中文社会科学引文索引（CSSCI）来源
  期刊"。

- CSCD：中国科学院文献情报中心"中国科学引文数据库（CSCD）
  来源期刊"。

- 北大核心：北京大学图书馆"中文核心期刊"。

- CPCI：科技会议录索引（原为 Index to Scientific & Technical
  Proceedings，简称 ISTP，现在称为 Conference Proceedings
  Citation Index，即 CPCI）。

- EI：《工程索引》（The Engineering Index，EI），是供查阅工程技术领域文献的综合性信息检索刊物。

此外，许多学校根据自己的需要，又将学术期刊划分为 A、B、C、D 类。

## SSCI/SCI 期刊的 JCR 分区与中科院分区有何不同

影响因子（Impact Factor，IF）几乎是每个科研工作者在投稿时都会关注的一个衡量期刊质量的指标。影响因子现已成为国际上通用的期刊评价方法，它不仅是一种测度期刊有用性和显示度的指标，还是测度期刊的学术水平，乃至论文质量的重要指标。

不管是 SSCI 期刊，还是 SCI 期刊，影响因子是唯一的，每年由科睿唯安（Clarivate Analytics）定期发布。但是，关于这些期刊的分区，有两个版本：JCR（Journal Citation Reports, 期刊引用报告）分区和中科院分区。由于这两个版本的分区计算方法不同，因此同一期刊在 JCR 分区中是 1 区（Q1），在中科院分区可能是 2 区（Q2）甚至 3 区（Q3），这给科研新手投稿带来不少困惑。

目前，SCI 期刊普遍采用中科院分区，而对于 SSCI 期刊，有些学校不分区，有些学校则分区。涉及职称评审和年终科研绩效统计时，需要根据本单位的规定来确定。以下主要从宏观上介绍 JCR 分区和中科院分区，供科研新手参考，不涉及分区的具体计算指标。

影响因子是以年为单位进行计算的，通常是以某一刊物前两年发表的论文在当年被引用的总次数，除以该刊物前两年发表论文的总数，得出该刊物当年的影响因子数值。

以 2023 年某一期刊的影响因子为例，

$$IF（2023 年）= A / B$$

其中，$A$ 表示该期刊 2021 年至 2022 年发表的所有论文在 2023 年中被引用的次数；$B$ 表示该期刊 2021 年至 2022 年所发表的论文数。

自 1975 年以来，科睿唯安每年定期发布 JCR，里面包含了影响因子。每个学科分类按照期刊当年的影响因子高低，平均分为 Q1、Q2、Q3 和 Q4 四个区：各学科分类中影响因子前 25%（含 25%）的期刊划分为 Q1 区，前 25% ～ 50%（含 50%）的为 Q2 区，前 50% ～ 75%（含 75%）的为 Q3 区，75% 之后的为 Q4 区。

《中国科学院文献情报中心期刊分区表》（简称期刊分区表，即中科院分区）是中国科学院文献情报中心科学计量中心以 JCR 为基础计算确定的，期刊分区表自 2004 年开始发布。2019 年推出升级版，实现基础版、升级版并存过渡，2022 年只发布升级版。中科院首先将 JCR 中的所有期刊分为数学、物理、化学、生物、地学、天文、工程技术、医学、科学、农林科学、社会科学、管理科学及综合性期刊 13 大类。然后，将 13 大类期刊各自分为 4 个等级，即 4 个区。按照各类期刊影响因子划分，前 5% 的为该类 1 区，6% ～ 20% 的为 2 区，21% ～ 50% 的为 3 区，其余的为 4 区（计算过程略复杂，不是此处关注的重点，感兴趣的读者可另行学习）。升级版是对基础版的延续和改进，将期刊由基础版的 13 个学科扩展至 18 个，分区指标不再采用"三年平均影响因子"，而是替换为"期刊超越指数"，即本刊论文的被引频次高于相同主题、相同文献类型的其他期刊论文被引频次的概率。

JCR 分区和中科院分区最大的不同在于分区方法。在中科院期刊分区表中，主要参考 3 年平均影响因子作为学术影响力（2022 年开始参考期刊超越指数），期刊从 1 区到 4 区呈金字塔状分布，1 区、2 区数量很少，杂志质量相对也高，基本都是本领域的顶级期刊；在 JCR 的 Journal Ranking 中，主要参考当年影响因子，每个分区的期刊数量是均等的。

## 发表 SSCI 论文一定比中文论文难吗

发表 SSCI 论文一定比中文论文难吗？在回答这个问题前，我们先看如下数据。

● SSCI 即社会科学引文索引。社会科学引文索引为 SCI 的姊妹篇，由美国科学信息研究所创办，是可以用来对不同国家和地区的社会科学论文进行统计分析的大型检索工具。目前，SSCI 期刊约3500 种。

● CSSCI 即中文社会科学引文索引，有时候也称为"C 刊"或"南大核心"。最新版（2021—2022）共收录马克思主义理论、哲学和宗教学科报刊等 26 个学科分类，585 本期刊。

● 《中文核心期刊要目总览》是由北京大学图书馆及北京十几所高校图书馆众多期刊工作者及相关单位专家参加的中文核心期刊评价研究项目成果，已经出版了 1992、1996、2000、2004、2008、2011、2014、2017、2020 年版共 9 版，主要是为图书情报部门对中文学术期刊的评估与订购、为读者导读提供参考依据。通常简称为"北大核心"。最新版的《中文核心期刊要目总览》有 1 229 种。

从期刊的数量上看，C 刊的数量是最少的，很多 C 刊的发表对第一作者 /通信作者的学位、职称，以及论文是否有各类基金的资助等会有要求，因此发表的难度是比较大的，对论文的质量要求也比较高。加上有的学校会将 C 刊分成三六九等，这也导致了即使你发了 C 刊论文，如果不是学校所要求的等级的 C 刊，在评职称时也不起作用。

北大核心期刊的数量是 C 刊的两倍多，发表的难度稍微低一点，但由于我国科研工作者的基数大，竞争也非常激烈。

SSCI 期刊的数量是 C 刊的 6 倍左右，SSCI 期刊鼓励交叉研究，接收来自不同学科背景的学者所撰写的论文。因此，投稿时可选择的期刊数量远大于 C 刊。从学校评职称、绩效计算的认可度来看，通常 JCR 的 Q3、Q4 区的 SSCI 期刊论文等同甚至高于 C 刊，有些单位甚至不分区，绩效点高于中文学科权威期刊。此外，SSCI 期刊严格遵守同行评审的双盲制度，只看论文质量，不看作者身份，注重论文的创新和研究的规范；SSCI 期刊有评审意见，不管论文是否录用，进入同行评审阶段的论文都会有评审意见，有助于论文的修改和提高。

综上可知，发表 SSCI 期刊论文的难度，并不一定高于发表中文的 C 刊。但是，SSCI 论文对研究和写作的规范要求非常高，需要经过长期的摸索、学习、训练才能写出符合 SSCI 期刊要求的论文。此外，对很多人来说，语言是一个问题。从这个角度来说，发表 SSCI 期刊论文又是有一定难度的。

## 一篇 SSCI 论文从投稿到被录用的过程

一篇 SSCI 论文从投稿到录用大概会经历这样一个过程（不同出版平台的表达会有差异，但意思差不多）：Submitted to the Journal（提交到期刊）—With Editor（编辑处理稿件）—Editor Assigned（编辑分配）—Reviewers Invited（邀请同行评审）—Under Review（评审中）—Required Review Completed（要求的评审结束）—Awaiting Decision（等待主编决定）—Major Revision/ Minor Revision（大修/小修）—Accept（接收）。

下面分享我 2020 年的一篇 SSCI 论文从投稿到被录用的过程。

这篇论文经历了两轮修改才被录用，过程比较复杂，中间刚好遇到该期刊两任 Editor-in-Chief（主编）交接工作。第一次提交的时候是前任 Editor-in-Chief，收到 Decision Letter 是新任的 Editor-in-Chief。第二次提交收到的 Decision Letter 又换回了原来的 Editor-in-Chief。

这篇论文是 2020 年 7 月 30 日提交的，这本期刊的编辑工作效率非常高，9 月 24 日（不到两个月）收到了第一封 Decision Letter，总体建议是 Major Revision。第一轮评审，有一位同行评审建议直接 "Accept"（这种情况比较少见，可见这篇论文还是有其可取之处的），第二位建议 "Minor Revision"，第三位同行评审建议 "Major Revision"（第三位同行评审的意见中提出的问题和第二位类似）。

国庆期间加班，和第一作者交流后根据同行评审的意见做了较为系统的修改，并在 10 月 10 日第二次在投稿系统里进行提交。11 月 10 日收到了第二封 Decision Letter，总体建议还是 Major Revision。这次编辑的处理效率同样非常高，一个月就有了结果。第二轮评审中，第二个同行评审也给了"Accept"（这时候已经有两个 Accept 了），第三个同行评审给了"Reject"，但给出的建议却不是"硬伤"类的问题。第二轮评审结束后，Decision Letter 中的编辑换回原来的 Editor-in-Chief 了。

第二轮修改，由于当时另外一篇和学生合作的 SSCI 论文也处于修改状态，同时还有一篇和研究生合作的权威期刊的中文论文也进入了校样阶段，许多事情撞到一起，能分配给这篇论文修改的时间和精力很有限。在和第一作者进行讨论后，我花了一周左右的时间解决了第三位同行评审提出的两个问题（修改了论文的题目、研究问题，回复了假设不成立可能的原因），于 11 月 18 日提交了修改。意想不到的是，提交后的第二天（11 月 19 日），我便收到了录用通知。

这篇论文的投稿经历告诉我们，只要不放弃，学术之路处处会有惊喜！

## 如何快速上手发表自己的第一篇 SSCI/SCI 论文

SSCI 和 SCI 被认为是重要的论文索引数据库。发表在 SSCI/SCI 期刊上的论文难度相对较高，但科研新手也可以从以下几个方面来提升自己，以便可以快速上手发表自己的 SSCI 论文。

- 定期阅读研究领域最新的 SSCI/SCI 论文。在学术数据库（Elsevier、Emerald、Wiley、SAGE 等）、搜索引擎、学术网站等上搜索最近发表的 SSCI/SCI 论文，阅读论文的标题、摘要、引言、文献综述、研究方法论、研究结果、启示和结论（遇上感兴趣的还可以向作者索要全文来学习）。阅读别人的论文，旨在了解如何提出研究问题、如何写文献综述、研究设计部分的撰写技巧、学习研究结果的展示方式以及学习讨论、启示、局限性与后续研究展望部分的撰写。通过学习，让自己逐步习惯于 SSCI 的写作风格和规范。

- 提升自己的写作水平。写作非一日之功，是一个长期努力的过程。一方面，可以通过阅读别人的 SSCI 论文，积累和摘抄好的句子，从模仿别人论文的写作风格开始，然后进一步扩大阅读范围，选定自己的研究领域或者兴趣点，持续进行阅读和学习。另一方面，也可以通过参加写作专业讲座的方法学习。许多高校或者学术培训机构会定期举行写作讲座，以帮助学生掌握学术写作技巧，提升写作水平。

- 建立良好的写作习惯。写作可以帮助人们养成更好的思维方式，形成更专业的表达能力。你可以设置固定的写作时间和目标，专门锻炼自己的写作能力。如果你在写作过程中感到困难或者遇到障碍，可以进行一些放松的活动来缓解压力，避免写作疲劳。SSCI 论文

有其独特的结构和写作风格，同行评审时每部分该写什么内容都有
比较规范的要求（例如，本人曾收到过同行评审的反馈，反馈中建
议研究结果部分的内容不要出现在研究设计部分）。

- 寻求专业的指导。在撰写 SSCI 论文时，专业的指导有助推作用。
  通过参加团队的讨论和组会，寻求导师、团队的其他成员的帮助，
  征求他们对你的写作和研究方向的意见。有条件的还可以将论文提
  交给专业的编辑进行润色，以便快速达到 SSCI 期刊的要求和标准。

## 成功发表 SSCI 论文的一些注意事项

成功发表 SSCI 论文需要细心的准备和多方面的努力，前沿的研究领域、规范的研究方法、娴熟的数理统计方法、高效的辅助分析软件、规范的学术写作语言等，都能够提高发表论文的概率。

- 计划清晰。在开始研究和论文写作之前，一定要对研究工作和论文结构做出充分的计划和安排。

- 阅读和学习。通过阅读 SSCI 期刊上发表（或其他有参考意义和价值）的论文，一方面了解某个领域的研究进展，为文献综述作准备；另一方面学习优秀的写作方法，找到可以模仿的句子。

- 研究方法。针对研究问题，选择合适的研究方法，合理地排除不利因素对研究信度和效度的影响。

- 数据分析。应用严格的数理统计分析方法（例如：SEM、回归分析、因子分析等），用数据来检验自己在研究中构建的假设或观点的正确性。

- 检查错误。仔细检查论文的语法、拼写、排版和标点等问题，并尽可能排除逻辑、结构、写作规范、参考文献等方面的错误。

- 逻辑紧凑。逻辑是好论文的灵魂，论文的逻辑框架必须明确和紧凑，符合专业和学科的传统与规范。

- 章节结构。论文应具备典型的学术论文结构，包括摘要、引言、文献综述、方法论、结果、讨论、结论、研究局限及其后续研究展望等。

- 写作技巧。应采用规范的学术写作语言和技巧，如避免使用口语，减少修饰性语言的使用等。

- 引用格式。应遵守 SSCI 领域的引用格式和参考文献规则，例如 APA 格式等。参见"英文论文写作参考文献引用格式：APA 与 MLA"。

- 论文提交。在完成论文后，应当严格按照 SSCI 期刊的要求，完整地检查几遍，确认无误后再提交。

## 从零基础到发表 SSCI/SCI 论文需要做的那些事

对于刚从事（或正准备从事）研究工作的科研新手来说，SSCI/SCI 论文的选题、研究问题的确定、研究设计、数据收集、数据处理和分析、论文撰写、论文翻译或润色、提交稿件、同行评审意见回复等论文发表环节都是陌生的。以下从全流程的视角介绍零基础如何入手发表 SSCI/SCI 论文。

- 论文选题。选择一个具有创新性的题目。了解研究领域的前沿动态和研究进展，为自己的研究提供科学依据。同时，要考虑实际，结合自己的研究兴趣和背景，确定一个具体的研究主题。

- 文献综述。通过阅读大量的文献，了解相关领域的研究现状和未解决的问题，为自己的研究提供科学依据。要掌握研究热点和趋势，及时跟进最新的研究成果。详见"文献综述类论文的作用和写作经验"。

- 研究（实验）设计。根据研究主题和文献综述，设计研究（实验）方法和方案，确保研究（实验）的可行性和数据的可靠性。同时，要考虑研究（实验）的成本和可重复性，确保研究（实验）的实用性和可推广性。

- 数据采集和分析。按照实验设计和研究方案，采集和处理数据，采用合适的数据分析方法，得出结论。要确保数据的真实性和准确性，避免数据造假或夸大结果。

- 论文撰写。根据论文题目和内容，撰写论文的各个部分，包括摘要、引言、实验方法、结果讨论、结论等。要注意英文表达的准确性和流畅性，同时保持逻辑性。

- 论文修改。论文在撰写完成后，需要进行反复的修改和润色，确保论文的质量和水平。可以请同行专家或老师帮忙审阅和修改，并提出建议和意见。建议阅读"英文学术论文写作语言检查神器：Grammarly 和 QuillBot"。

- 投稿流程。了解 SSCI/SCI 期刊的投稿流程和要求，选择合适的期刊投稿。要注意期刊的投稿要求和审稿周期，按照期刊的要求准备和完善论文，确保论文的质量符合期刊的要求。建议阅读"SSCI论文投稿常见问题及解决办法"。

- 答复审稿意见。在论文被接收后，要认真答复审稿人的意见和建议，对论文进行进一步的修改和完善（通常可以用表格的形式，逐一列出问题与答复）。要尊重审稿人，认真对待他们的意见和建议，保持礼貌和耐心。

- 论文发表。在论文修改完成后，要进行最终的校对和排版，确保论文的质量和美观度，然后将论文提交给期刊进行出版。要关注期刊的出版进度和要求，确保论文的顺利出版。

- 宣传和推广。在论文发表后，进行适当的宣传和推广，让更多的同行了解和引用自己的研究成果。可以通过学术会议、学术讲座、学术期刊、学术社交平台等多种途径进行宣传和推广。

总的来说，想要发表 SSCI/SCI 论文，就必须全面提升自己的研究水平和论文写作水平。同时，必须树立良好的学术道德和规范，遵守学术界的标准和要求。

# 投稿前自我检查 SSCI/SCI 论文的注意事项

投稿前，需要从多个方面对 SSCI/SCI 论文进行检查，以确保论文的质量和学术性，进而提高投稿的命中率。以下是投稿前自我检查 SSCI/SCI 论文的一些注意事项。

● 文章创新点是否突出，是否表达清晰。在论文中，创新点是至关重要的，因为它代表了研究的独特贡献和价值。在自我检查时，要确保论文的创新点在文中得到突出和证明，并且将其清晰地表达出来。论文的创新点可以是研究方法的新颖性、研究设计的新颖性、数据分析和处理的创新等。

● 文章标题是否与内容相符，是否过于笼统或过于具体。论文标题应该准确地反映文章的内容和主题，过于笼统的标题会让人感到模糊，而过于具体的标题可能会限制文章的适用范围。例如，如果 SCI 论文探讨了某种新材料的物理和化学性质，那么标题就应该准确反映出这个主题。

● 文章字数是否在规定范围内，是否烦冗或过于简略。不同的期刊对论文的字数限制不同，作者需要确保论文的字数在规定范围内。如果论文过于烦冗，读者阅读时可能会感到无聊和困惑，而过于简略则可能导致信息不完整。例如，在论文的研究方法论部分，需要详细描述研究设计、数据收集步骤和数据分析方法等，但这部分不能冗长无味。

● 文章结构是否清晰，是否符合学术论文规范。一般的学术论文包括摘要、引言、文献综述、方法、结果、讨论、结论和参考文献等部分。作者需要确保每个部分都有，并且各部分之间的顺序和逻辑关系合理，确保论文结构清晰，符合规范。

- 文章语言是否流畅，是否使用了正确的语法和标点符号。论文的语言应该准确、通顺、流畅，没有语法或标点错误。这可以通过多次阅读和修改来实现。例如，在讨论部分，需要使用客观的语言来讨论研究的结果和意义，不能使用主观的、带有情感色彩的语言。

- 参考文献是否正确，是否按照规范进行了引用和标注。参考文献是学术论文的重要组成部分，作者需要确保参考文献的来源及其准确性，并且按照正确的格式进行引用和标注。例如，在文献综述部分，需要引用权威研究和最新研究成果，以支持论文的观点和论证。

- 图、表、公式是否清晰、准确、规范，是否与文章内容相符。图、表、公式是论文的重要组成部分，需要清晰、准确、规范，并且与文章内容相符。例如，在研究结果部分，需要使用图表来展示数据，并且需要确保数据的准确性和可读性。

- 研究数据是否真实、可靠，是否进行了适当的处理和分析。研究数据是论文的重要组成部分，作者需要确保数据的准确性和可重复性，并且使用正确的方法进行处理和分析。例如，在研究方法论或实验部分，需要详细描述实验条件、实验步骤和实验结果，并且提供足够的数据来支持结论。

- 文章结论是否合理、清晰、有逻辑性，是否与文章内容相符。文章的结论是论文的总结和归纳，需要合理、清晰、有逻辑性，并且与文章内容相符。例如，在结论部分，需要总结研究的主要发现和贡献，并且指出研究的局限性和未来研究方向。

● 文章是否有潜在的利益冲突或偏见，是否进行了适当的说明。在学术研究中，潜在的利益冲突或偏见可能会影响研究的结果及其可靠性。作者需要说明潜在的利益冲突或偏见，以保持研究的中立性和客观性。例如，在文章中需要披露研究的资金来源和参与人员的利益关系等。

综上所述，自我检查 SSCI/SCI 论文需要注意多个方面，包括创新点、标题、字数、结构、语言、参考文献、图表公式、研究数据、结论和潜在的利益冲突或偏见等。需要仔细检查和修改，以确保论文的质量和学术性。

# SSCI 论文投稿常见问题及解决办法

对于科研新手来说，因为投稿系统和投稿指南都是英文的，所以在投稿的过程中可能需要花费比较多的时间和精力来学习系统的使用和投稿的注意事项，会有一定难度。

● 关于如何确定自己的研究适合哪个 SSCI 期刊。解决之策：在 SSCI 数据库中搜索研究主题相关的最新研究，了解他们最近发布的研究方向和发表的期刊。寻找与自己研究方向重叠的期刊，并研究期刊的发表要求和限制。

● 关于如何证明自己的研究价值和贡献。解决之策：研究价值和贡献应该精准、明确地表述在投稿信、摘要和引言部分，并详细讨论在研究实施中所用的方法、数据分析，以及对现有文献的补充和挑战等。提供避免偏差的证据和分析，以确保编辑能够清晰明了地知晓论文的研究内容、价值和贡献。

● 关于如何避免拒稿。拒稿是一种很正常的现象，避免拒稿的最根本办法是提高论文的质量、选择合适的期刊而非最好的期刊。例如，在投稿前，仔细验证你的数据、核查论文结构，以确保它们是合理且完整的，并使用规范的引用格式和参考文献；在提交前还可以请其他专业人员帮助审阅和修改。

● 关于有效回应审稿人和编辑的评论和建议。这包括论文修改和答辩文档撰写两项工作。一方面，应该尊重审稿人和编辑的反馈与建议，并根据其反馈做出相应的调整和修改，提交更新的论文版本，以便重新审阅。另一方面，需要将修改的过程记录下来，不能修改的地方需要给出令人信服的理由，以便同行评审在第二轮评审时阅读。

● 关于论文提交的方式。每个期刊的规定不同，请务必理解并遵守它们的投稿规则。一些期刊只能通过邮件或电子邮件提交，而有些期刊则需要注册特定的投稿系统。大部分英文期刊都采用出版集团出版的模式，基本上都有稿件处理系统，注册后在线提交论文即可。

● 关于篇幅方面的问题。科研新手论文写作的经验尚浅，因此在控制篇幅、内容取舍方面会出现问题。就我投稿过的 SSCI 期刊来说，一般字数要求不超过 10 000 字，包括参考文献、附录、图表在内。由于篇幅的原因，我也被编辑退过稿。建议投稿之前，根据期刊网站上的"Author guidelines"等文档，查看稿件要求。

● 关于稿件图、表文件处理常见问题。有些期刊正文可以包含图、表；有些期刊则会要求图、表单独放在一个文档中，并在正文中用类似"Table X in here"这样的文字标记图、表的位置，并且文档中要有图表标题。有些期刊对于图表标题的字符数还有要求。我遇到过这种情况：第一次提交的时候，要求图和表独立放在文档中提交；提交修改稿的时候，由于有一位同行评审说这样不利于他／她阅读，编辑建议将图和表放到修改稿正文中。建议投稿之前，根据期刊网站上的"Author guidelines"等文档，查看关于稿件图、表的要求。

● 关于 Highlights（论文亮点，Elsevier 出版平台通常有这个要求）常见问题。Highlights 在有些期刊又叫"Key Messages（主要信息）"。我在投稿的过程中，因为没有提交这样的文档，被退回修改过几次。这个文档每部分都有字符数的要求，科研新手写的时候一定要注意。建议投稿之前，根据期刊网站上的"Author guidelines"等文档，或者投稿系统里面的提示来准备该文档。

- 关于投稿信常见问题。我用过的系统都要求提交一个单独的文档，因此科研新手在第一次提交论文之前，要到期刊网站查阅主编的个人信息，撰写投稿信。这个网络上有一些模板可供参考，通常通信作者也会提供模板。投稿信写作参见"怎样写投稿信（Cover letter）才能成功吸引主编的注意"。

- 关于修改稿提交的常见问题。对于"Response to Reviewers"部分的回复，一些期刊网站会有一个编辑框来供作者填写这部分内容。如果修改的内容比较多，那么通常要将这部分内容放到一个单独的文档中，并在文本框中写"参见文档 Response to Reviewers"，然后在提交文件页面提交这个文档。

## 母语非英语的研究人员发表 SSCI 论文的难点及对策

对于研究人员来说，能够在 SSCI 期刊上发表论文，意味着研究成果得到了国际认可。但是对于母语非英语的研究人员来说，发表 SSCI 论文可能会比较难，难点及对策整理如下。

- 语言障碍。一部分母语非英语的研究人员英语写作水平不高，可能会对论文的撰写和表达造成影响。对策是平时就要加强英语学习，写作时可以利用人工智能工具（如 ChatGPT 等）辅助翻译，或者寻求专业英编辑或翻译从业者的帮助。

- 研究方法表述不同。不同地区的研究方法表述可能会有所不同 [ 例如，Grounded theory（扎根理论）是研究方法论还是研究方法之争，问卷是数据收集工具还是研究方法 ]，这可能会影响论文的质量和可读性。对策是学习英文语境中研究方法的规范表述，并尝试将其应用于自己的研究中。

- 英文文献积累不足。非英语国家的英文文献积累可能不如英语国家丰富，（英文数据库价格高，许多高校图书馆经费预算有限）这可能会影响论文的深度和质量。对策是可以通过图书馆的全文传递服务等广泛搜索相关英文文献，也可以尝试在国际化平台上（例如 ResearchGate）直接联系作者获取更多的学术资源。

- 缺乏国际合作经验。非英语国家的研究人员可能缺乏国际合作经验（近年来博士联合培养项目、国家留学基金委的资助、各省的留学奖学金的资助等，极大促进了国际合作），这可能会影响论文的水平和竞争力。对策是积极寻求国际合作机会，积极参加国际学术会议。

- OA（开放获取）期刊出版费用高。OA 期刊的发表费用较高（近两万元的论文处理费会让很多人望而却步，传统图书馆订阅出版模式的 SSCI 期刊是免费发表的，但周期长），对研究人员来说可能是一个难题。对策是提前规划科研经费或者寻求其他类型的资助。

- 传统出版模式的 SSCI 期刊审稿周期长。这类 SSCI 期刊可能会对非英语国家的研究人员的科研进度造成影响（毕业年限、年度考核、中期检查等各种考核均有时间限制）。对策是提前规划科研进度，合理安排时间。

- 期刊选择不当。母语非英语的研究人员可能对 SSCI 期刊不够了解，进而影响论文的发表和引用。对策是了解 SSCI 期刊的影响因子、学科领域等指标，并根据自己的研究领域选择合适的期刊。

- 缺乏国际知名期刊发表经验。在人文社科领域，母语非英语的研究人员可能普遍缺乏在国际知名期刊发表论文的经验，这可能会影响英文论文写作的水平。对策是积极学习国际知名期刊发表的经验，如听讲座、参加学术会议等，并寻求国内外导师或同事的帮助。

- 研究主题不够国际化。母语非英语的研究人员的研究主题可能不够国际化，这可能会影响论文的被引用量和影响力。对策是关注国际研究热点和趋势，并尝试将自己的研究与国际研究接轨。

- 学术研究相对滞后。一些非英语国家的学术环境可能不够紧跟前沿，这可能导致研究人员在获取最新的研究方法和研究成果方面存在滞后。对策是主动参加学术会议、关注论文最新成果等。

总之，母语非英语的研究人员在发表 SSCI 论文时可能会面临多种挑战，但通过不断提高英语水平、积累国际合作经验、合理规划科研进度及经费、深入了解学术规范、关注最新的研究方法和研究成果、选择合适的研究方向和研究热点等措施，也可以提高发表 SSCI 论文的成功率。

## 通信作者在论文发表中承担的角色

通信作者指在出版过程中处理稿件（Manuscript）和信件的人。该作者有权代表所有合作者处理与稿件发表有关的所有事宜，包括补充材料、回复同行评审意见、签订版权转让协议、稿件出版前的校对等。此外，通信作者承担着论文联络人的角色，对论文出现的问题负责。

通信作者所承担的具体责任如下。

- 指导选题和研究设计。

- 稿件校对和修改，包括投稿前、投稿过程中的修改和校对。

- 选择投稿期刊，准备投稿文档。具体提交稿件的人可以是通信作者也可以是其他作者。

- 答复同行评审的意见。在同行评审结束后，指导修改论文，准备同行评审意见的回复。

- 询问稿件的处理状态。如果提交后没有回复与变动，或者处于某一状态的时间过长，可由通信作者写信询问。

- 安排支付稿件处理费用（Article Processing Charge，APC）。论文录用后，如果投稿时选择的是 OA 出版模式，一般由通信作者联系支付稿件处理费用。

- 签订版权转让协议。收到"Accept"通知后，负责签订（有时是组织全体作者共同签订）版权转让协议。

- 出版前的校对。签订版权转让协议后，论文会转给出版集团平台的编辑处理，通常两周左右会收到校对稿件的邮件，这个环节通常由有经验的通信作者来完成。这通常是最后一次修改论文的机会，在这个环节通信作者可以调整作者和作者单位等信息。

● 联系出版平台解决可能出现的出版问题。论文 Online（在线发表）后，如果发现论文出现编辑问题，还可以通过邮件联系出版集团的服务人员，解决存在的问题。

● 回复国际同行的询问邮件。论文出版后，一般留下的是通信作者的邮箱（有些出版平台会留下全体作者的邮箱），因此，如果国际同行对论文或者论文开发的工具有兴趣，通常联系的是通信作者，由通信作者来统一口径回复。

● 回复论文的各种质疑。论文出版后，如果有读者对论文提出质疑，包括科研道德、内容的重用，以及获取与数据、材料和资源等相关的信息，也由通信作者来统一口径回复。

● 提供经费的支持。如果和通信作者合作的是学生，或者论文是通信作者的课题成果，那么通信作者还需要提供经费来支持研究。

● 确认论文的署名、作者所属机构等信息。

● 负责最终论文的汇总、优化，尤其是团队合作完成的研究项目。

● 负责研究数据、文档的长期保存等。

## SSCI 论文出版前的校样系统长啥样

对于一些科研新手（特别是没有通信作者带的）来说，由于投稿的经验不多，第一次面对全英文的投稿系统和稿件校对界面时会有些不知所措。以下跟大家分享 Emerald 出版平台的"校样（Proof）系统"的使用过程及注意事项（不同出版平台的过程和操作会有所差异）。

首先，收到"Accept"通知的邮件后，编辑会通知填写版权转让协议（Copyright Transfer Agreement，CTA）。该出版平台要求全体作者都需要以在线填写表格的形式填写这个协议，只需要核对自己的信息，勾选相关选项就可以提交了。完成 CTA 表格填写及提交后，会收到一封邮件，告知大概一周后会邀请你校样（Proof）。

其次，单击邮件中的超链接就可以进入 Emerald 平台的 Proof Central，如图 2 所示，按照操作说明即可进入校样中心。

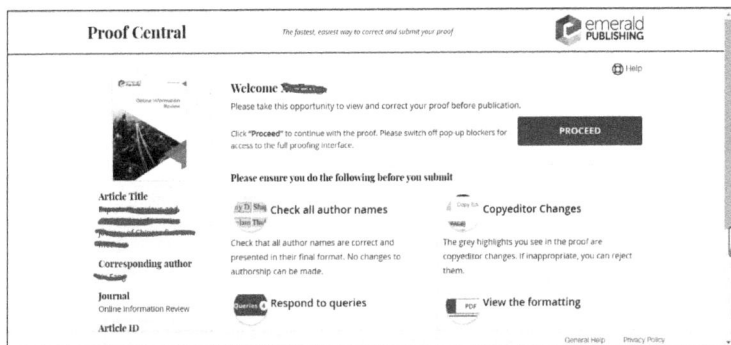

图 2　Emerald 出版平台的校样中心

接下来，需要认真地读完 12 个界面的功能介绍和操作提示，如图 3 所示。

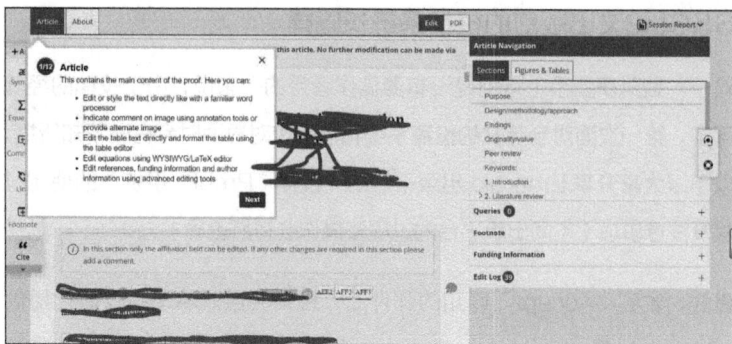

图 3 Emerald 出版平台校样系统的操作提示

然后，完成全部的 Queries（疑问），如图 4 所示。如果有其他想修改或者添加的内容（例如增加作者单位、增加基金项目等），也可以在相应的地方给平台编辑留言，他们会处理。切换"Edit"和"PDF"按钮可以从不同的视图看到自己论文的样子。

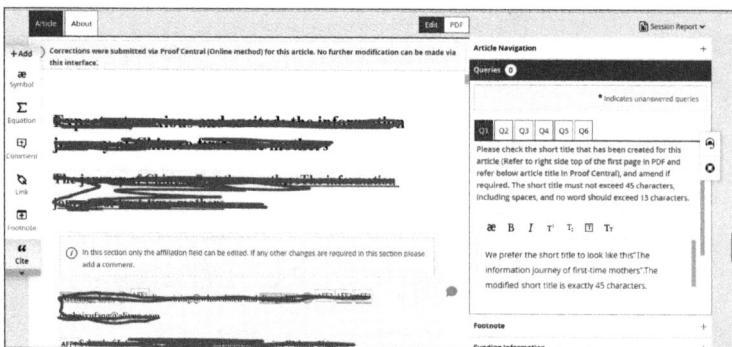

图 4 Emerald 出版平台校样系统要求必须完成的 Queries

最后，单击右上角的"Submit"按钮提交自己的校样结果。这里需要注意的是，提交要慎重，尽量在截止日期当天提交。如果提交后发现问题，在校样系统上是无法修改的，只能通过邮件联系出版平台修改。例如我在 Elsevier 平台校样系统提交完成后，发现 PDF 版的正文中中国作者的标引有问题（可能是国外出版平台的编辑分不清中国作者的名和姓），随即联系编辑进行修改，而在 Emerald 上却没有发现类似问题。

## SSCI/SCI 论文发表如何避开预警期刊

预警期刊主要指那些发文量特别大，而且收费特别高，基本上给钱就能发的期刊。这些期刊属于掠夺性期刊，学术价值不高，并且有可能已被SSCI/SCI 数据库剔除。通常被列入黑名单期刊的论文，在各类评审评价中都将被视为无效。2023 年年初，中国科学院文献情报中心发布了《国际期刊预警名单（试行）》，涉及 9 个学科（材料科学、地球科学、工程技术、化学、环境与生态学、计算机科学、经济学、农林科学以及医学）的 28 种期刊。

在 SSCI/SCI 论文发表中如何避开预警期刊是一个复杂的问题，以下建议仅供参考。

- 仔细选择期刊。在选择期刊时，应该仔细研究期刊的声誉、影响因子和审稿标准（这些信息通常在出版期刊的网站上都可以查找到）。建议选择有一定知名度和影响因子的期刊，同时了解该期刊的审稿标准，以确保期刊接受论文的标准符合你的研究方向和论文质量。

- 查阅相关资料。在选择期刊时，可以查阅一些资料，如期刊的官方网站、在学术界的口碑、学术出版商的评价等，以了解期刊的声誉和学术水平。此外，可以参考一些学术指南，如学科领域的权威指南、学术机构的推荐列表等，以了解期刊在学术界的地位及声誉。

- 避免"快速发表"的诱惑。有些作者可能会被"快速发表"的噱头所吸引，不慎选择了一些预警期刊。但实际上，这些期刊可能存在严重的质量问题，甚至可能会被撤稿。因此，建议大家不要盲目追求快速发表，而应该注重论文的质量和学术价值。

- 遵守学术规范。在论文投稿和发表过程中，应该遵守学术规范，如遵守期刊的审稿要求，避免抄袭、伪造数据、操纵同行评审等行为。这有助于提高论文的质量和信誉，同时也可以在一定程度上避开预警期刊。

- 寻求专业的指导。如果对如何选择优质的期刊感到困惑，可以寻求专业的指导。例如，可以咨询导师或其他有经验的学者，或者咨询一些专业的出版服务机构，如出版社、学术出版平台等，他们可以提供相关的建议和帮助。

## OA 期刊投稿常见问题及回答

OA（Open Access）期刊，又称开放获取期刊，是一种作者付稿件处理费用（APC）、用户可以免费获取全文的期刊出版模式，常被一些人误认为是"给钱就发"的期刊。OA 期刊也采用严格的同行评审制度，与传统期刊类似，以确保论文的质量和学术价值。它通过开放获取的方式，促进学术知识的传播和交流，对学术界和科研人员具有较为重要意义。OA 期刊的关键优势在于处理周期短，降低读者获取成本，从而促进科学交流。

OA 期刊投稿常见问题及回答如下。

● 稿件的被接受率如何？

答：这取决于许多因素，包括研究主题、论文质量、研究领域和期刊的读者群体。一般来说，OA 期刊的稿件接受率在 20% ~ 30%，但某些主题或领域的稿件接受率可能更高或更低。

● OA 期刊怎样进行同行评审？

答：OA 期刊与传统期刊一样，需要进行同行评审，评审过程通常由至少两位专家进行。在这个过程中，需要与编辑进行沟通，包括对同行评审意见进行回复等。

● 论文提交后，多长时间能得到回应？

答：这取决于许多因素，包括论文质量、评审过程、期刊的出版周期和当前待处理的论文数量等。一般来说，可以在 4 ~ 12 周得到编辑的初步回应。

- 需要支付出版费用吗?

  答: OA 期刊通常需要作者支付出版费用。这些费用因期刊和出版模式而异,包括按篇或按页数计费。在提交论文之前,应该查看期刊的出版政策,了解费用详情和支付方式。

- OA 期刊如何在学术交流中使用?

  答: OA 期刊在学术交流中发挥着重要作用。它们是开放的,任何人都可以访问和下载论文,这有助于知识的传播和学术的发展。此外,一些 OA 期刊还提供在线论坛和讨论平台,方便学者们交流研究成果。

# 研究生的生活是怎样的

正确看待研究生阶段的迷茫和焦虑状态，从导师和师兄、师姐处主动寻求支持和帮助，可以尽快适应研究生生活；明确自己的研究方向和目标，建立良好的人际关系，学会缓解压力和焦虑，从而更好地完成这个阶段的研究任务。

## 研究生迷茫的常见原因及应对之策

研究生（特别是新生）在这一阶段产生迷茫的原因是多方面的，包括学习环境变化、缺乏明确目标和计划、人际关系变化、学术压力和焦虑、个人问题等。正确看待迷茫状态，从导师和师兄、师姐处主动寻求支持和帮助，可以尽快适应研究生生活；明确自己的研究方向和目标，建立良好的人际关系，学会缓解压力和焦虑，从而更好地完成这个阶段的研究任务。

- 不适应新的学习环境。研究生阶段与本科阶段有很大的不同，课程设置、教学方式、学习要求等都有很大的变化。研究生（特别是新生）可能需要一段时间来适应新的学习环境，找到适合自己的学习方式和节奏。建议提前做好准备，向已经读研的学长、学姐取经，本科期间可争取进入老师课题组提前体验、参加一些学术活动等。

- 研究方向不明确。研究生阶段相对于本科阶段更加自由和灵活，但也需要更加自主和自律。研究生可能需要花费一些时间来思考自己的研究兴趣和方向，制订明确的研究目标和计划。可以通过阅读相关的领域的文献，参加学术会议和讨论，与导师和同行交流，以及参与实际项目等方式，来进一步明确自己的研究方向和兴趣。

- 学习压力过大。教学方式和学习要求的转变，需要在实践中不断调整和适应。可以制订合理的学习计划，合理安排时间，避免拖延。同时，可以寻求导师和同学的帮助，解决学习上的问题。

- 自我怀疑。如果研究生阶段适应不好，可能会出现课程学习、课堂表现、课程考核结果不理想等问题，进而会自我怀疑，产生焦虑。

可以通过与导师和同行交流，征询他人的意见和建议，以及积极参与实践来提高自己的信心和实力。

- 人际关系困扰。研究生阶段的人际关系与本科阶段也有所不同，新生可能需要适应新的导师、同学和社交圈子，建立新的人际关系。可以积极与导师和同学沟通，学会倾听和尊重他人，参加社团和社交活动等，以建立良好的人际关系。

- 时间管理困难。研究生阶段的学习方式发生了很大的改变，对自主学习能力的要求更高。在同时面对几门课程的学习资料阅读和课堂展示准备时，可能会出现时间管理困难的问题。可以制订合理的学习计划，运用时间管理方法，提高自己的时间管理能力（参考"科研工作者常用的时间管理方法"）。

- 缺乏实践经验。课程学习和讨论可以为研究生阶段积累理论知识，但是这些知识在实践中怎么应用，所学的知识有什么意义和价值，是许多研究生经常困惑的问题。在研究生高年级阶段可以通过参与实习、实践和项目等方式，积累实践经验，将理论知识应用于实际研究中。

- 孤独感。大多数研究生面对新的学习环境，可能会产生孤独感。可以积极参加各种活动，主动与他人交流和互动，建立良好的人际关系，还可以培养自己的兴趣爱好，这些方式都可以缓解孤独感。

- 职业规划迷茫。"就业"是研究生必须思考的一个问题，一些研究生对自己所学的专业就业方向是不明确的，"未知"和"信息不对称"会导致迷茫。可以多与导师、同门交流，必要时可以请教职业规划师和行业从业者。

- 精神压力。研究生阶段的学术要求更高，新生可能会感到有压力，担心自己无法达到要求，难以完成研究任务。可以多和导师沟通，有效的沟通是解决问题的关键，参考"论研究生培养过程中沟通的重要性"。此外，也可以通过寻求心理辅导、健身和运动，以及培养自己的兴趣爱好等方式，来缓解精神压力，保持身心健康。

- 个人问题。研究生阶段面临的个人问题也更多，例如家庭压力、经济压力、情感问题等，这些可能会对研究生生活产生负面影响。这时候可能需要寻求导师、同学、亲人、好朋友的支持和帮助。

## 怎样才能避免心浮气躁，脚踏实地地进行科研工作

怎样才能避免心浮气躁，脚踏实地地进行科研工作？这是一个需要一直思考的问题。处于职业生涯的不同阶段，科研人员会面临不同的挑战与机遇，关键时刻都需要"闭关修炼"。心浮气躁本质上是一个心理问题，其产生的原因因人而异且是多维的，需要具体问题具体分析。日常生活和工作中，科研人员需要针对性地进行自我反省和调节，以提高科研工作效率，避免心浮气躁。以下列出了几条建议，仅供受此问题困扰的朋友们参考。

● 设定切实可行的目标。制订可实现的目标，避免目标设定过高（这样容易打击自信心），让自己能够逐步进步。同时，要学会将大目标分解成小目标，一步步实现，不急于求成，避免被大目标压倒（自信心崩溃后需要花费大量的时间重建）。

● 要有耐心和毅力。科研工作需要时间和精力的投入，需要有耐心和毅力（更要有一个好身体），遇到困难时不要轻易放弃。要保持积极的心态，看到科研工作的长期价值，不断追求进步。

● 学会专注。专注是做好科研工作的关键，要学会把注意力集中在一个任务上，避免多任务同时进行（遇到自己无法控制的情况，只能学会抓主要矛盾，好钢用在刀刃上）。可以通过制订时间表、安排工作流程等方式来提高专注力。

● 持续学习。科研工作者需要终身学习（学习是一件任何时候开始都不晚的事情）和积累知识，要保持学习的热情和动力，不断提升自己的能力。可以通过阅读文献、参加学术会议、跟随导师学习等方

式来不断进步。

- 学会自我管理和情绪控制。要学会管理自己的时间和情绪，合理安排工作和生活，避免因情绪波动影响工作。可以使用时间管理工具、制订计划等方式来有效管理时间和情绪。

- 严谨细致的科研态度。科研工作需要严谨细致的态度，要注重细节，避免粗心大意导致工作出现失误。要注重研究数据的记录、分析、处理和结论的推导，保证研究成果的真实性和可靠性。

- 诚实守信的品质。科研工作需要诚实守信的品质，要避免弄虚作假，确保研究成果的真实性和可靠性。同时，要尊重他人的知识产权，避免侵犯他人的研究成果。

- 需要具有合作精神。科研工作往往需要多人合作完成，要学会与他人合作，尊重他人的意见，齐心协力完成任务。可以通过团队讨论、协作、分享资源等方式来提高合作意识。

- 需要时常自我反思。要经常反思自己的工作，找出自己的不足，不断改进自己的工作方式和方法，提高工作效率和质量。可以通过记录工作日志、总结经验、与同行交流等方式来进行自我反思。

## 学术研究中拖延症的表现及应对策略

在学术研究中（特别是寒暑假），拖延症是常见的问题之一。以下列出了学术研究中拖延症的一些表现及一些应对策略。

● ［表现］万事开头难，迟迟无法开始自己的研究工作。

　［策略］有时候是因为任务太大或太难，需要耗费的时间和精力太多；有时候是因为没有明确的目标。这需要认识到任务的重要性，并明确大目标和小目标；有时还需要制订具体的计划和时间表，以便能够逐步实现小目标，最终实现大目标。

● ［表现］工作缺乏条理和规划，出现了拖延的现象。有时候看上去每天都在工作，但成效比较低。

　［策略］这时候可能需要做个任务清单，制订要紧事项计划表或整个计划的蓝图，使工作有规划、有条理。

● ［表现］经常分心，难以集中注意力。

　［策略］过了学生阶段，学术研究工作很难不受到外界因素的干扰。这时候可能需要有意识地创造一个不受干扰的工作环境，并尽量避免分心。

● ［表现］学术研究倦怠期，缺乏动力和激情。这和"懒"有一定区别。

　［策略］这时候需要自我和解和调节，找到让自己兴奋和充满激情的"关键研究任务"。此外，也可以尝试与他人合作（访学可能是一种不错的选择），或者寻找能够激发你兴趣的研究方向。

- ［表现］缺乏自我约束力，比较常见于处于职业生涯早期或被迫进入学术界的人员。

  ［策略］制订规律的工作、生活目标和计划，并尽量遵守。学会自我约束，避免过度消磨自己的时间。

- ［表现］逃避任务，拖延时间（遇到难度大的研究任务时）。

  ［策略］这时候需要进行任务分解，让每个小任务变得简单、可执行，以缓解压力。此外，还可以跳出学术研究，做一些简单的事情，让自己有成就感，建立起自信心后再攻克难关。

- ［表现］睡眠不足引起的拖延。

  ［策略］很少有没熬过夜的科研人员，熬夜有时是不可避免的，但是长期熬夜对身体是非常不利的，应该尽可能地避免。同时，为了保持充足的睡眠，在睡前应避免玩电子产品。

- ［表现］缺乏时间管理技能而导致的拖延。

  ［策略］在学习、工作和生活中，在同时处理不同任务时要学会分清任务优先级，通过学习时间管理技能，制订合理的计划和时间表，来避免拖延。

总的来说，克服拖延症的关键是认识到自己的处境，并制订相应的对策。通过制订计划、集中注意力、保持激情等策略，可以有效地克服拖延症，提高研究工作效率。

## 科研工作者常用的时间管理方法

这里总结的是科研工作者常用的时间管理方法。不管使用哪种方法，目的都是帮助我们更好地掌握自己的时间，提高工作效率和质量。当然，不同方法适用的场景不同，需要根据实际情况选择适合自己的方法。

● 甘特图。甘特图是一种非常流行的项目管理工具，它能够让你非常直观地了解项目的进度。对于科研工作者来说，安排好课题执行的进度是非常关键的，有了甘特图，你可以更轻松地安排每个任务的时间，保证课题按时完成。甘特图还可以清晰地展示每个任务的时间节点，让课题组的成员在协同作战时对项目的进展有明确、共同的认识。

● 列清单。列清单是一种非常简单的时间管理方法。你只需把每天要做的任务逐一列在纸上或计算机上，完成一个勾掉一个。这样不仅可以看到哪些任务已经完成，还能让工作更有条理。列清单的时候一定要注意，不要把时间浪费在琐碎的事情上，而是要分清轻重缓急，合理安排时间。

● 番茄工作法。这个方法虽然简单，但却非常实用。将工作时间分成一段段时间，每段时间专注工作 25 分钟，然后休息 5 分钟。这样可以避免长时间工作带来的疲劳感，提高工作效率。不过要注意，使用番茄工作法时不要贪心，刚开始可以从 2 ～ 3 个番茄时间开始尝试，逐步增加时间。

● 时间矩阵。时间矩阵也叫时间四象限法则，是指按照重要和紧急两个维度进行划分，基本上可以把任务分到四个"象限"：既紧急又重要、重要但不紧急、紧急但不重要、既不紧急也不重要。通过时间矩阵，你可以清楚地看出每个时间段的任务和优先级，这样可以优化工作时间表，提高工作效率。

● 时间块。时间块是一种非常灵活的时间管理方法，是指将一天的时间分成几个时间段，每个时间段都用来完成一个任务。这样可以避免分散注意力，提高工作效率和质量，帮助我们更好地掌握自己的时间，更好地规划工作和生活。

时间管理不是一蹴而就的事情，它需要不断地实践和调整。只有通过不断地尝试和实践，才能找到最适合自己的时间管理方法或工具，让自己在科研领域中游刃有余，成为真正的科研达人！

## 老师的寒暑假是如何度过的

很多人都羡慕老师这个职业，认为老师有寒暑假，在寒暑假期间不用上班，可以休息一段时间。但高校老师这个职业真的像一些人想象中的那么幸福吗？真实的情况是，寒暑假是大多数高校老师做科研的最佳时期，是老师最忙的时期。结合对同事的观察、交流，以及本人的经历，总结老师在寒暑假的任务如下。

- 假期开始或者快结束的时候，会整理下学期的课程资料（如课件、教学文件、最新教学资料补充等）。

- 假期中间比较完整的时间是留给科研的，一个学期积累下来的论文都会利用这段时间来修改、完善，争取在假期结束前能够提交给期刊。

- 寒假还是大部分老师写各种基金申请书的最佳时间（已经立项的，则需思考研究计划的执行、研究设计的修正、研究任务的分工等）。

- 寒假还需要关心硕士、博士研究生的毕业论文进度，因为春季学期是毕业季。目前研究生的论文基本上都要提交给教育部学位中心平台送同行评审（通常都是3月中旬之前完成），学科还会组织预答辩（通常在2月底3月初进行）。同行评审如果提出了大量的修改意见，轻则学生要修改，导致延迟毕业，重则还会影响下一年的招生指标。

- 假期是更新自己知识体系的充电时间。老师会在这段时间学习最新的专业书籍，重温经典的专业书籍，阅读论文和各种资料等。

● 假期是整理自己的思路、规划下一个学期工作安排的好时机。"凡事预则立""人无远虑 必有近忧",在假期合理规划自己的年度或者半年度计划,有助于有序推进各项工作,从而达到自己的短期或者长期目标。

● 假期(特别是寒假)同样也是陪伴家人的最佳时期。每个学期,老师们都有教学、科研、社会服务等工作,很多老师忙起来是很少有时间分担家务、陪伴家人的。因此,假期成了陪伴家人的最佳时期。至少在春节期间,老师们应该都会强制自己远离工作几天,全身心地陪伴家人。

● 假期还是锻炼身体的最佳时期。好的身体是做好科研工作的基础,身体健康是1,其他都是0,身体健康应该放在第一位。假期可供老师们自由安排的时间比较多,因此可以在假期里养成锻炼身体的好习惯。

## 当科研新手感觉心理压力大、焦虑时，怎么办

当科研新手在研究生阶段感觉心理压力大、焦虑时，可以尝试以下几种方法来缓解或应对。

- 寻求支持。找到焦虑的主要原因（如师生关系、学术研究、家庭变故、个人关系等），分类寻求外界的支持。如果是师生关系、家庭变故，研究生可以向导师（很多时候导师可能无形中给了你压力，真遇到问题还是会尽力帮你）、同学、朋友等倾诉，将自己的压力和焦虑告诉他们，获得情感上的支持和理解；如果是学术研究方面的问题，除了向导师和同学寻求帮助外，还可以参加学术研讨会或与同行交流，寻求专业上的建议和支持；如果是个人关系问题，建议以寻求朋友或者家人的帮助为主。

- 调整心态。研究生应该认识到，学术压力和焦虑是普遍存在的，每个人在研究生阶段几乎都会面临类似的挑战，焦虑解决不了问题，脚踏实地默默耕耘才是"王道"。因此，要保持积极的心态，不要过于自我苛求，不要过分关注他人的成功和成就，而是要专注于自己的进步和发展。只要自己每天都有一点进步，在研究生期间不留遗憾就好。

- 管理时间。合理规划时间是减轻压力和焦虑的重要方法。研究生应该制订一个详细的时间表，包括学习、科研、休息和娱乐等方面，确保每个任务都能被分配到合理的时间，避免因时间管理不当而积累过重的压力。参见"科研工作者常用的时间管理方法"。

- 学会放松。放松身心对于缓解压力和焦虑是非常重要的。研究生可

以尝试一些放松技巧或者参加一些体育锻炼活动，如深呼吸、冥想、瑜伽、爬山、游泳、羽毛球、篮球等，这些方法可以帮助你平静下来，缓解紧张情绪。

● 保持健康的生活方式。健康的生活方式可以有助于缓解压力和焦虑。研究生应该保证充足的睡眠、饮食均衡、适度运动和保持良好的卫生习惯。这些基本的生活方式对于维护身心健康非常重要。

● 寻求专业帮助。如果压力和焦虑难以缓解，可以寻求专业心理咨询师的帮助。心理咨询师可以提供专业的建议和方法，帮助研究生处理负面情绪，缓解心理压力。

总之，当研究生感到心理压力大、焦虑时，可以采取上述方法来缓解和应对。最重要的是，要认识到这种情况是很常见的，要保持积极的心态，相信自己的能力和潜力，这也是战胜压力和焦虑的关键。

## 你遇到的是生气型导师还是解决问题型导师

导师和研究生之间的相处是一个历久弥新的话题。回顾自己指导研究生的经历，我可能有时是生气型导师，有时候则是解决问题型导师。人生短暂，能够成为师生是一种非常难得的缘分。师生关系有许多种，应该努力追求"教学相长、相互成就"的师生关系。

许多研究生，特别是一年级的研究生，除了本科阶段的毕业论文外，没有接受过系统的科研训练。因此，在完成各种作业、开题报告、毕业论文初稿和科研任务时难免会出现各种各样的问题，参见"科研新手的困惑及其解决的建议"和"研究生开题报告的常见问题汇总与建议"。这时候怎么解决这些问题，和导师的性格类型有关。

● 生气型导师在遇到问题时第一反应是生气，有些甚至会立刻严厉地批评研究生一通。导师生气是可以理解的，因为生气是人情绪的正常反应。但是，教育的目的是了解人性的善恶、控制人性的"恶"，发扬人性的"善"。这里不赞同导师生气，实在忍不住了，建议先冷处理，过几天再想办法解决问题，毕竟人在生气的时候说的话是不理性的，做出的决定也是不理性的。这种情况，对于心理强大的研究生，通常也没什么问题，毕竟读到研究生谁还没被老师批评过。只要明白导师生气背后的原因，分析导师重点想要解决的问题，以后不再出现同样的问题就可以了。但是，当心理比较脆弱的研究生遇上生气型导师，可能就会出现问题，特别是日积月累，很有可能导致师生相处困难，甚至萌生出换导师、转专业，甚至退学的想法。这显然不是导师生气的初衷。导师生气只是因为恨铁不成钢，希望研究生能够快速地成长起来。

● 解决问题型导师在遇到问题时第一反应是怎样才能解决这些问题，提高团队整体的工作质量与效率。导师应该思考的是采取什么样的方法才能帮助研究生意识到这些问题，解决这些问题。这种类型的导师通常会采用心平气和的沟通方法来解决问题，研究生只需要等待老师安排的见面时间，和导师好好沟通就好。详见"导师和研究生相处的个人经验总结"。本人希望自己可以成为解决问题型导师，但有时也会控制不住自己。虽然我没有面对面、板着脸批评过学生，但有时论文中的批注用词可能会有些严厉。这是我未来需要改进之处。

## 如果遇上有心理问题的研究生，导师会如何应对

研究生是一个特殊的群体，他们虽然是学生，但又与本科生有很大不同。本科生四年的时间都会被安排学习课程，学习是有组织的。研究生通常在第一年会有课，第二、三年则在导师的指导下开展研究工作。第一一年只要按部就班地跟随任课老师的节奏进行学习，大部分同学一般来说不会有太大的问题。第二年和第三年，研究生在学习方面通常只和导师打交道，生活方面会和辅导员打交道。面对学业、就业、人际关系、经济、家庭等方面的压力，如果不注意疏导就会产生焦虑，长期焦虑就很容易出现心理方面的问题。这些年来，既看到过由于心理方面的原因而退学、转专业的研究生，也看到过由于导师及时干预而顺利毕业的研究生。

如果遇上有心理问题的研究生，导师怎么应对，才能尽最大努力地帮助研究生渡过这个难关。作为同学的你又可以做一些什么？

● 加强沟通。导师在指导学生的过程中，应该常和研究生沟通。在心理问题出现之前，沟通可以帮助导师发现一些苗头，进行早期干预，其效果应该是最好的。在心理问题出现的时候，沟通可以帮助导师了解问题的根源，当然这个时候要注意沟通的方式方法，因为学生在这个阶段是非常敏感的。在心理问题暂时解决后，沟通可以帮助导师跟踪学生的思想动态，防止再次出现问题。

● 建议学生换导师。如果是导师与研究生之间在学术、性格等方面不合引发的心理问题，导师可以主动建议学生换一位导师。导师和学生不合拍是很常见的问题，与其继续相互影响，不如主动建议学生换导师。

- 建议学生换到相邻的专业。如果导师和学生的矛盾很激烈，导致了不可调和的矛盾，这时候可能需要由学科负责人来调解，建议学生换到相邻专业。因为开题、中期考核、预答辩、答辩等环节导师和研究生都会见面，让学生换到相邻专业能够避免尴尬。

- 充分发挥团队的力量。相遇是一种缘分，当团队中有成员遇到心理问题时，团队成员的陪伴和帮助可能会有一定的作用。有些心理问题就像人生中的一道"坎"，遇到困难谁都会焦虑，有人陪伴和带动，一定程度上可以缓解焦虑。许多"坎"的积累才会形成心理问题，如果能在外力的帮助下迈过这个"坎"，就好了。

- 寻求心理医生的帮助。如何和有心理问题的学生相处，也是导师的一个学习过程，必要的时候，导师也可以寻求心理医生的帮助。导师是一个岗位，每个岗位都会有一些能力方面的要求，和学生相处也是导师必备的一项能力。

- 邀请家长干预。如果以上办法都无效，或者心理问题的根源是家庭方面时，导师可以通过辅导员与家长沟通，邀请家长一起干预。

- 建议休学调养。严重情况下，可以建议家长来校办理休学调养的手续，通过一段时间的静养，来帮助学生恢复心理健康。

## 论研究生培养过程中沟通的重要性

这是一个关于我第一次独立带研究生的故事。我从澳大利亚南澳大学（University of South Australia，UniSA）访学回来后独立带的第一个硕士研究生是 M 同学。

在南澳大学访学期间，我和合作导师开展了深度的合作研究，观摩了合作导师的教学（一节课）和助教组织的研讨（两节课）。同时，也通过 Group Meeting（小组会议，每两周一次，每次由一位同学或访问学者分享自己的研究）和 One-on-one Meeting（一对一交流，每周一次，每次半个小时）体验了合作导师培养学生的模式。每学期开始的时候，合作导师会开一个组会，用电子表格记录每位研究生的研究计划，学期结束的时候会有总结。我浏览了下合作导师的个人主页，发现她指导的博士研究生近几年基本上都发表了 JCR 一区的论文。这应该是一种非常有效、值得借鉴的研究生培养模式。

访学结束后，我一直在思考这种研究生培养模式的可行性。M 同学入学后，加上和别人合带的研究生，我一共带两位学生，小组会议的意义不大。第一学年安排了课程学习，也不利于安排一对一交流。于是，这件事情一直拖到了 M 同学二年级的时候才开始（因为这时候合带的研究生已经三年级了，要忙毕业论文和找工作，就只能不定期沟通了）。和 M 同学的一对一交流每次进行大概一小时，这样的定期沟通持续了一个学期左右，M 同学的毕业论文和一些重要研究成果差不多都是在这个时期完成的。其实在 M 同学一年级的时候，我就非常重视和研究生的沟通，基本上只要学生有需要，我们都会约时间进行交流。

M 同学在读研期间，和我合作完成了 3 篇论文，一篇学科权威期刊论文、一篇 SSCI 论文、一篇省级期刊论文，参与了两篇教学改革论文。M 同学的毕业论文，送盲审返回的结果是一优二良。遗憾地是，因为出版周期的问题，M 同学没能拿到学校的最高奖学金和国家奖学金。

她在读研期间取得的成绩，一定程度上和我们的定期沟通密切相关。根据她的反馈，沟通能够消除她的困惑，也能推动她的研究工作的顺利开展。

## 导师和研究生相处的个人经验总结

导师与研究生的关系是众多人际关系中的一种。导师怎样才能和研究生相处愉快？以下是根据本人指导研究生的经历以及参考"别人家的导师"而归纳的一些经验。

- 需要遵守人际交往的基本原则，例如：尊重原则、平等原则、真诚原则、赞美原则、包容原则等。

- 抓住研究生培养的关键节点，其他时候该放手时就放手。根据管理学的帕累托法则，在研究生培养的过程中，重点抓住开题、中期考核、预答辩、盲审、答辩、小论文等事关其能否顺利毕业的非常关键的"小部分因素"，其他时候不妨放手，让研究生自我成长。

- 导师可以做良好师生关系的主动构建者。在和研究生的交流过程中，导师是强势的一方，可以为建立良好的师生关系做出更多的努力。

- 建立沟通的日常机制。每周最好有一次一对一的交流，每两周有一次团队分享式的交流等。

- 用好社交媒体工具，例如团队微信群、团队微信公众号。可以转发和分享学科前沿的学术论文，以及与学生正在做的研究相关的典型论文，供学生参考。

- 导师也要有边界感。研究生在学术方面接受导师的指导和训练，但在生活方面，他们是一个独立的个体，有自己的私人空间，导师不该问的不要问、不该说的不要说，要有边界感。

- 发挥榜样的力量。导师的言传身教对学生的影响是非常大的，导师要以身作则，坚守做人做事的底线，传递正能量。

● 注意赞美或批评的方式方法。不合时宜的赞美，也有可能给学生带来伤害，批评时也更加需要注意这一点。

● 用好包容和理解两大法宝。导师需要根据不同年代的学生，更新自己的观念，接纳新生事物，包容学生非"致命性"的缺点，让学生在读研期间有试错的机会。

● 注意学生心理健康问题。教书育人非一日之功，不可操之过急，要张弛有度，否则学生容易出现心理问题。

● 用好反馈。可以利用团队建设的机会，获取学生的反馈，及时地调整师生关系。

## 如何度过论文送审后的等待时间

一般情况下，学位论文都要经过盲审程序，第一次盲审不通过可以申请再次盲审。学位论文的盲审结果决定了研究生是否可以顺利拿到学位，其重要性不言而喻。论文送审后的等待是焦灼的，那么如何度过这段时间呢？

● 尝试转移注意力。完成博士 / 硕士学位论文是智力劳动，也是体力劳动，长期集中精力的工作导致身心都处于紧张的状态。这时候，很容易出现疲倦、焦虑等问题。建议尝试转移注意力，找其他的事情去做。

● 管好自己，尽量不要讨论这个话题。生活中，难免有一些热衷于传播焦虑的人，建议论文送审后，远离这类人，不要参与这个话题的任何讨论。功夫需要花在自己可以掌控的阶段，学位论文送审后顺其自然就好。

● 看看招聘信息。顺利毕业后，第一要务是找到一份自己满意的工作。忙学位论文的时期，你可能也会偶尔关注招聘信息，但是投入的时间和精力比较有限。论文送审后，刚好可以利用这段时间，准备一下找工作的事情。

● 来个短期的旅游。条件允许的情况下，可以来个短期的旅游，或者只是到学校周边转转，感受大自然的美好，让自己的身心放松，这样才能以更好的状态投入后续的研究或工作中。

● 调整自己的饮食习惯。让自己的饮食习惯从紧张、匆忙的生活节奏中慢下来，恢复到正常饮食状态，这样有益于身体健康。

- 锻炼身体。好的身体是工作、生活、学习的基础，健康问题一直都是科研工作者最容易忽视的问题，不能到需要强制休息或者锻炼的时候才开始关注身体健康。

- 跟父母、朋友、师长深度沟通。毕业季是人生的关键转折点，多跟关心自己的长辈、朋友深入沟通，可能会对自己未来的发展有所帮助。

# 经验分享

他山之石，可以攻玉。研究生可以通过学习他人和导师的合作方式，了解同行评审过程；学习他人发表论文的经验，来让自己的研究生生活更加顺利。这种方法可以帮助研究生更好地掌握学术界的评审标准，更好地完成论文写作。

## 同行评审是如何审理一篇 SSCI 期刊论文的

我结合自己十多年来为十余种 SSCI 期刊审稿的经验 [ 包括 Information & management (IF 10.328)、Knowledge-based System(IF 8.139)、Journal of Retailing and Consumer Services(IF 10.4)], 以结构方程模型量化研究 SSCI 论文为例，从审稿人的视角总结稿件审理的过程。

- 看 Title。判断论文是否新颖，是否有趣，是否有吸引力。

- 通读 Abstract。了解研究背景、研究目的、研究方法和数据获取、研究结果、研究意义（原创性）等。

- 通读 Introduction。研究背景是否交代清楚，是否具有吸引力，是否介绍基本概念，是否引出研究的必要性，是否介绍现有研究概况，是否具有新理论新视角，是否提出研究问题。

- 通读 Literature review and hypotheses 部分。文献是否理解，有无漏掉重要文献，是否有最新的文献，是否界定了构念（Constructs）及其测量指标，假设提出有无逻辑问题等。

- 通读 Methodology 部分。构念和具体的测量指标介绍是否清楚，数据收集过程是否介绍清楚，样本代表性是怎样保证的，抽样方法是否科学合理，选择数据分析方法和工具的理由是否成立，是否有共同方法偏差（CMB）程序控制等。

- 通读 Results 部分。对量化研究来说，研究结果是否清晰地展示、恰当地分析了。SEM 类的量化研究论文，主要包括测量模型和结构模型两个部分的评估（包括实际指标和推荐指标的比较等）。调查类的论文还要评估使用的数理统计方法检验是否存在严重的共同方法偏差（CMB）问题和自变量的共线性问题。

- 通读 Discussion 部分。是否对研究发现进行了条理化的讨论，是否和现有研究结果进行了比较，是否提出了建议或策略。

- 通读 Implications 部分。理论启示（Theoretical Implications）和实践启示（Implication for Practices）是否进行了有条理的介绍，归纳是否恰当。

- 通读 Conclusion 部分。是否在研究结果的基础上简要地总结了研究的结论，研究的局限性和后续研究展望是否准确、有说服力。

- 浏览 References 部分。参考文献是否著录规范，是否有不完整的地方。

## 我指导本科生发表在 SSCI 期刊上的第一篇论文

我指导本科生发表的第一篇 SSCI 论文，也是我面向本科生开设的"信息管理研究方法"课程的第一届学生的课程论文。第一次面向本科开设研究方法课，我也是摸着石头过河，处于一个探索的过程中。这篇论文给了我后续指导本科生发表 CSSCI、SSCI 期刊论文的信心和勇气。第一作者是 2015 级信息资源管理专业的学生，毕业论文是在课程论文的基础上完善的，在投稿给期刊之前，我们又做了很大的修改。他来自西部地区，在面向西部地区的调研方面具有便利的条件，因此经过沟通后，我们选择了《西部地区居民信息贫困影响因素研究》这个题目。当时的论文投稿目标是 SSCI 期刊。

第一家期刊我们选择了 *Online Information Review*，于 2019 年 11 月左右投稿，2020 年 3 月被拒稿，有一位同行评审质疑研究设计（主要是关于在线方式收集西部贫困地区的数据问题）。稿件被拒后，如果有详细的审稿意见，通常应该针对意见进行系统的修改；如果没有详细意见，也需要再次通读稿件和相关的投稿文档以发现可能的问题。只有这样，才能提高第二次投稿的命中率。

我们针对同行评审的意见进行了一次沟通，并对稿件做了一些修改，重点说明了数据收集方法的合理性（中国的智能手机普及率已经非常高，微信等社交媒体也非常普及）等。第二次投稿时，我选择了刚给他们审完一篇稿件的期刊 *Electronic Library*。我们于 2020 年 4 月 14 日提交后，7 月 12 日收到了"Major Revision"。这本期刊的稿件处理周期不到 3 个月，算是比较快的。按照常规的处理办法，我们沟通了一次，按照同行评审的意见仔细地修改了一轮。这次的修改时间比较久，因为第一作者是第一次接触稿件修改，需要手把手地指导。8月8日，我们完成了稿件的修改工作，在投稿系统里面提交修改稿。接下来是耐心等待编辑处理和同行评审阅读修改答辩文档和修改稿。9月21日收到了"Minor Revision"，编辑和同行评审觉得还是有一些小问题需要解决。国庆期间，我们加班再次进行了一轮修改，10月12日再次提交了修改稿。等待期间，我们基本上每天都登录投稿系统查看稿件处理状态。这篇论文遇到的情况比较有意思，同行评审一直没有接受审稿邀请（或许觉得问题很小，不需要再次阅读），编辑等待10来天后，直接自己做出了决定，10月23日我们收到了"Accept"邮件。收到录用通知后，我还写信给主编，询问能否安排在2020年的第6期（因为第一作者的需要），主编委婉地回信说根据以往的流程，应该要2021年第5期（即2021年10月，该刊为双月刊）才能见刊。SSCI期刊现在基本上都是先在线发表(Online)，然后再编入某一期，这个时间通常需要3～12个月。这篇论文最终安排在了2020（5/6）期，可能是稿件数量少，2020年的第5、6期合并到一起了。这篇论文也赶上了第一作者在某985大学读研期间的奖学金评选。

## 我指导零基础本科生发表 SSCI 论文的经历

从 2019 年开始，我陆续指导零基础的本科生发表了 4 篇 SSCI 论文。在数智时代，部分本科生可以以很快的速度完成开展研究需要的知识积累过程。我的指导经历表明，在老师的指导下，本科生也可以选择合适的题目开展研究并撰写英文学术论文。以下是 4 篇论文的相关信息。

论文 1: How Do First-year Students Perceive Learning Support Services in Chinese University Libraries.Journal of Librarianship & Information Science.54(4). [IF: 1.99; SSCI]

论文 2: Expectant, Anxious and Excited: The Information Journey of Chinese First-time Mothers. Online Information Review. Vol. 47 No. 5, pp. 801-819. [ JCR Q2;IF:2.901 ]

论文 3: Examining the Factors Influencing College Students' Continuance Intention to Use Short-form Video APP. Aslib Journal of Information Management，2021,73（6）. [IF: 2.222; JCR Q2; SSCI]

论文 4: Examining the Factors Influencing Information Poverty in Western China.The Electronic Library (TEL). 38(5/6),1115-1134. [IF: 1.675; JCR Q3; SSCI]

第一篇论文的前三位作者是 2018 级信息资源管理专业的本科生。该论文是本科生导师制下的尝试性研究成果（让本科生尝试做跟他们相关主题的研究），也是校级大创项目的成果。第一次和三位同学见面时，他们刚经历大一的生活，而当时我刚好看到过一篇以大一新生为研究对象的专业英文论文。和他们交流的过程中，我们先后确定了研究主题（高校图书馆的学习支持服务）、研究方法（访谈 + 问卷调查）、数据收集策略等。在研究的过程中，我也多次跟他们强调，本科生做研究，要以"学有余力"为前提，否则因为研究耽误了课程学习会得不偿失。中文初稿完成时，他们已经步入大三的第一学期。他们将论文翻译成英文后，由我进行了润色。虽然这篇论文的选题一直被同行评审肯定，但修改过程却是痛苦的，特别是第一次投稿 JAL（The Journal of Academic Librarianship）后的大修，我带领三位同学修改了一个多月，提交后依然被拒。感恩 JAL 和 JOLIS(Journal of Librarianship & Information Science）同行评审的建议，这篇论文才能最终录用。这篇论文从录用 Online 到编入卷期历时一年。这篇论文的两位作者，在大四第一学期都收到了 985 大学的硕士研究生录取通知。

第二篇论文的第一作者是 2016 级信息资源管理专业的本科生 L 同学（2020 年保研到 985 大学），也是我指导的校内科研项目的学生。L 同学的学习态度非常认真，她在我任教的一门专业课上给我留下了深刻印象。随后，她的班主任邀请我指导她的校内科研项目，我欣然应允。她的校内科研项目进展非常顺利，发表了 3 篇中文论文，其中 2 篇都是 CSSCI 论文，这让她获得了保研的资格，顺利地保研到了某 985 大学。作为这篇 SSCI 论文的通信作者，从有想法（受到一篇主题类似的英文论文的启发），到邀请 L 同学合作，作为她的本科毕业论文选题，又在她毕业后经历了一年的修改，投稿后在一年中经历了两轮修改，历时三年多，终于收到了 Accept 通知。与毕业论文相比，终稿几乎重新写了一遍。由于她研究生期间的学业比较繁忙，修改工作有过停滞，但我们还是坚持了下来，最后顺利地发表了。这篇论文使用了 Python 编写程序抓取某个论坛的文本数据，并使用内容分析方法对这些文本进行编码。这是我第一次指导质化研究类的 SSCI 论文，对我自己来说也是一次挑战，而 L 同学极强的探索精神也是这篇论文能够成功发表的主要原因。此外，我们的选题非常有趣，也使这篇论文在两次投稿中都获得了编辑的喜爱。但是第一次投稿某期刊时，主编提出需要修改和说明的地方太多，于是我们放弃了修改（当时 L 同学学业繁忙无暇顾及这篇论文）。第二次投稿，我们选择了 JCR Q2 的期刊，整个过程比较顺利。第一轮收到的是"Major Revision"，两个同行评审的建议都比较积极。修改一轮后，收到了"Minor Revision"，在解决了几个小问题后，我们最终收到了"Accept"。

第三篇论文的第一作者是 2015 级信息资源管理专业的本科生。写这篇论文时，他已经在某 985 大学读研。第一篇论文见刊后（参见"我指导本科生发表在 SSCI 期刊上的第一篇论文"），他提出再与我合作写一篇论文，我欣然同意，并在线讨论了选题，确定了研究中使用的理论（这是结构方程模型类论文的必要步骤，从理论出发，提出假设、收集经验数据、数据分析、检验假设）。投稿过程比较曲折，但最终也顺利地获得了"Accept"。这篇论文和指导他发表的第一篇论文使用的研究方法、数据分析方法是一样的，两篇论文的数据收集都比较顺利，而且第二篇论文的质量明显高于第一篇论文。可见，系统地学习研究方法是非常有必要的，掌握了某种研究方法和数据分析工具后，后续再开展研究会顺利很多。

第四篇论文的故事参见"我指导本科生发表在 SSCI 期刊上的第一篇论文"。这篇论文在发表后，还收到过印度一位博士研究生的来信，他 / 她希望可以获得问卷的授权，以便在他们的国家做同样的研究。

## 坚持就是胜利：用一套数据发表 3 篇 SSCI 论文的经历

第一次听说"一套数据发表多篇论文"是在读博期间的一堂课上。记得这门面向全院研究生的课程名字是"管理研究方法"，是请国外某大学的一位老师来教授的。老师分享了他们团队一套数据发表两篇 SSCI 论文的经验。记得我当时请教了老师关于毕业论文的一个问题，得到了老师的指导。由于收集数据是一件费时费力的事情，因此收集数据的时候要考虑"一次收集，多次利用"的问题。我的经历属于事后总结和分享，当时收集数据的时候，其实没有想过要写两篇论文。在写第一篇论文的过程中，在浏览文献时想到了第二篇论文的思路，第三篇论文则是在第二篇论文投稿的过程中逐步想到的。现在总结经验，是希望能够对科研新手在制订数据收集策略时有所启发。

这项研究是我在访问南澳大学时开展的，研究设计和思路在我访问之前申请省政府留学奖学金的时候就写好了。到达访问学校后，跟合作导师约了当面的指导与交流，确定了研究设计和数据收集方案。数据收集历时一个月，为了提高样本的代表性，我几乎动用了来自不同学科、分散在全国各高校的人脉（在这里向帮助过我的朋友们表示感谢），请他们帮忙邀请所在学校的本科生和研究生填写调查问卷。

第一篇论文是我在访问期间花了两个月时间来完成，然后又花了两个月时间来修改（非常感谢合作导师，她提出了很好的修改意见）。投稿的时候，我通过浏览我们学科一些发表了 SSCI 论文的同行的个人官方主页，定位了一位同行发表过论文的期刊 *Computers in Human Behaviour*（心理学领域的期刊）。我于 2017 年 8 月将论文提交到期刊，12 月合作导师回国，我邀请她过来做了一个讲座。她返回澳大利亚没多久，12 月我就收到了 Major Revision 的通知。在她的指导下，我完成了修改，于 2018 年 1 月收到了录用的通知。2 月，春节期间论文 Online，后来编入了 2018 年的第 6 期。

第二篇论文，其实在我提交第一篇论文后就开始写了。我在为了写第一篇论文而检索文献时发现，关于这个研究主题几乎没有针对本科生和研究生的比较研究。分析数据后，我发现这套数据的样本特征的受教育程度能帮助我将本科生和研究生的样本分成两个子集。于是，便有了第二篇论文。第二篇论文的第一次投稿经历了一个多月，没有送审就被拒了。第二次投稿才成功。

第三篇论文的投稿过程非常艰辛和曲折。第二篇论文完成后，我就开始写第三篇论文，这次只使用了本科生数据子集。第三篇论文完成时，第二篇论文刚好收到退稿，这时候我的心情有些沮丧。在第二篇论文第二次提交的过程中，我于 2019 年 7 月将第三篇论文提交给了一家期刊（这家期刊很少发表量化研究的论文，而以访谈研究方法居多，找了五六位同行评审才有人同意审稿），审稿经历了一年的时间，最终还是被拒了。2020 年，我和通信作者联系，修改了一轮，然后又将论文投给了第二篇论文录用的那家期刊，最终也被拒了，但同行评审给出了非常好的建议。我根据同行评审的建议，修改了一轮，补充了最新的文献，又提交给了一家期刊，然而依然被拒。这时候我有点想放弃了。过了一段时间，我于 2021 年 3 月将论文提交给了最终被录用的这家期刊，在 6 月底收到了小修的通知，7 月提交了修改稿，当日就收到了录用通知，7 月份 Online。

希望我的故事能够激励科研新手们，永远不要放弃，相信自己可以创造奇迹！